Deutsch-Stars Lesetraining: Lesen mit Spaß

Willkommen in deinem Stars-Heft!

Mit diesem Lesetraining kannst du selbstständig das Lesen üben:
- im Unterricht, wenn du mit deinen Aufgaben fertig bist.
- zu Hause, wenn du noch mehr üben willst.

Hier gibt es viele bunte Rätselaufgaben!

Und so übst du:
- Bearbeite eine Seite.
- Vergleiche deine Arbeit mit der Lösung und verbessere Fehler.
- Immer, wenn du 2 Seiten geschafft hast, darfst du einen Stern in das Bild ganz hinten im Heft kleben.
- Sternchen-Aufgaben sind schwierig! Wenn du sie richtig gelöst hast, darfst du dir auf diesen Seiten einen zusätzlichen Stern aufkleben.
- Mit den Stars-Checks kannst du dich selbst noch einmal prüfen und zeigen, was du schon alles kannst.
- Zu manchen Seiten kannst du dir einen Sachfilm anschauen, den Text vorlesen lassen oder mit Hilfe selbst lesen.
- Wenn du alle Seiten bearbeitet hast und das Bild mit deinen Sternen fertig ist, bist du ein **Lese-Star!**

Hallo, ich bin Pepe! Ich begleite dich durch dein Stars-Heft!

Inhaltsverzeichnis

Schulranzen

1 Was ge**hört** in den Schul**ran**zen? Ver**bin**de pa**ssend**.

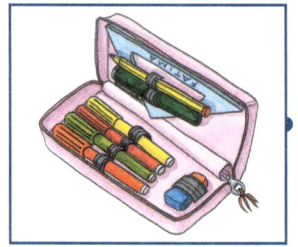

die Schul**bü**cher

die Schnell**hef**ter

das Fe**der**mäpp**chen**

die Hef**te**

der Stun**den**plan

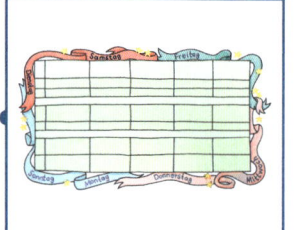

der Block

die Brot**dose**

die Trink**fla**sche

Federmäppchen

1 Was gehört in das Federmäppchen? Verbinde passend.

| Kleber | Schere | Lineal | Füller | Patronen |

| Buntstifte | Spitzer | Radiergummi | Bleistifte |

2 Ergänze die Sätze mit den Wörtern von Aufgabe 1.

Mit dem _____ unterstreiche ich.

Mit dem _____ radiere ich.

Mit der _____ schneide ich.

Mit dem _____ spitze ich Stifte an.

Mit dem _____ klebe ich etwas auf.

Reimwörter

 **1** Verbinde jedes Bild mit dem passenden Reimwort.

Topf	Haus	Liege	Rose	Flasche	Stock

 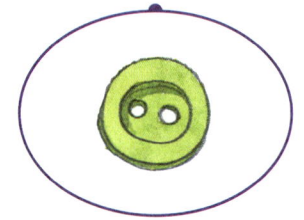 

  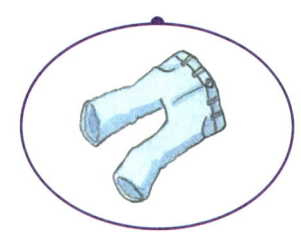

  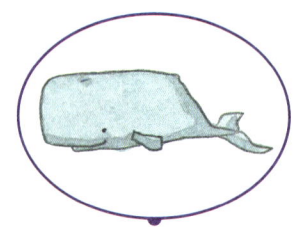

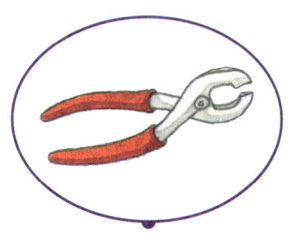  

Berg	Wange	Schnabel	Tal	Tisch	Mund

Wörterschlangen

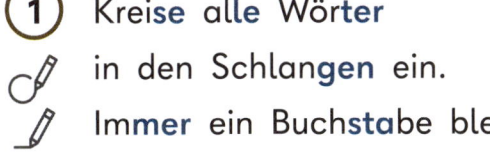

1 Kreise alle Wörter
in den Schlangen ein.
Immer ein Buchstabe bleibt übrig.
Schreibe ihn auf die Zeile dahinter.

Arbeite mit Bleistift, dann kannst du Fehler verbessern.

KRONEBLATTKREISGPATRONEBAUCH _____

BRUDERZWIEBELTREPPEGLASUHAUS _____

BRILLESCHIFFTAGKOPFKATZETMONAT _____

NACHTSINGENESSENGSCHAUFELFERIEN _____

LESENFLASCHEKNOCHENETRINKENTOR _____

ZAHLGEHENBANANELAUFENMRUFENTÜR _____

MARMELADEKLASSELANGASCHAFLUSTIG _____

ROLLSTUHLCTRAKTORLEISEBUTTERROT _____

ROSINEBLAUMITTWOCHHRADSCHENKEN _____

FÜHLENTOMATETPIZZAFLIEGENNETTBÄR _____

Wie heißen die Gemälde?

 1 Schreibe die Nummer des Titels unter das passende Bild.

1 Im Sonnenblumenfeld

2 Rote Rosen am Fenster

3 Eselmutter mit Fohlen

4 Mann mit Sonnenbrille

5 Wilde Pferde im Sonnenuntergang

6 Sonnenuntergang in den Bergen

7 Die einsame Rose

8 Unterwegs mit der Pferdekutsche

9 Wehendes Haar im Sonnenuntergang

10 Kutschfahrt mit einem Esel

11 Zwei kleine Eselchen

12 Sonnenuntergang über dem Meer

Im Märchen

Hänsel und Gretel
kom**men** ins

he**run**ter.

Rapunzel
lässt ihr gol**de**nes Haar

gro**ße** Abenteu**er**.

Hans im Glück
tauscht

Knus**per**häus**chen**.

Sindbad der Seefahrer
er**lebt**

sein Gold.

Aschenputtel
tanzt mit

sich nicht von
je**dem** es**sen**.

Schneewittchen
ver**gif**tet sich

dem Kö**nigs**sohn.

Der dicke fette Pfannkuchen
lässt

dass Schnee fällt.

Frau Holle
sorgt da**für**,

am A**pfel**.

Wovon sprechen die Kinder?

1 Ordne die Nummern den passenden Aussagen zu.

Am Sonntag bin ich schon ganz früh aufgestanden und in den Garten gelaufen. Unter einem Strauch fand ich ein Nest voller bunter Eier. _____

Ferien	1
Geburtstag	2
Ostern	3
Sportfest	4
Kostümfest	5
Weihnachten	6

Gestern habe ich einen neuen Handball bekommen. Nachmittags durfte ich dann meine besten Freunde einladen. Meine Mutter backte meinen Lieblingskuchen. _____

Jeden Tag kann ich ausschlafen und muss keine Hausaufgaben machen. Meistens fahren wir für zwei Wochen zu meinem Onkel. _____

In der Klasse durften wir uns verkleiden. Mein Freund und ich hatten ähnliche Hüte auf. Wir sangen lustige Lieder und warfen Luftschlangen. _____

Am schönsten finde ich es, wenn am Baum die Lichter brennen. Wir singen und packen unsere Geschenke aus. _____

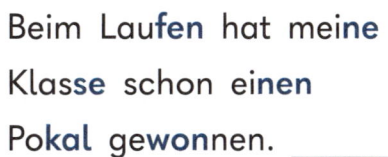

Beim Laufen hat meine Klasse schon einen Pokal gewonnen. _____

Einladung

Samstag, 11. Juli
10.00 – 14.00 Uhr

Für alle Kinder
Lehrerinnen und Lehrer
Eltern und Verwandte

ein Riesenspaß!

Dosenwerfen

Schminkstand

Hüpfburg

Stelzenlauf

Einrad fahren

Wetthäkeln

Malwand

Kletterwand

Tauziehen

Kuchenstand

Getränkestand

Grillstand

Der Eintritt kostet für Kinder 3 €. 
Erwachsene bezahlen das Doppelte.

1 Wie viele Stunden dauert das Sommerfest? _____

🖊

2 Was wird an den einzelnen Ständen angeboten?

🖊 Verbinde.

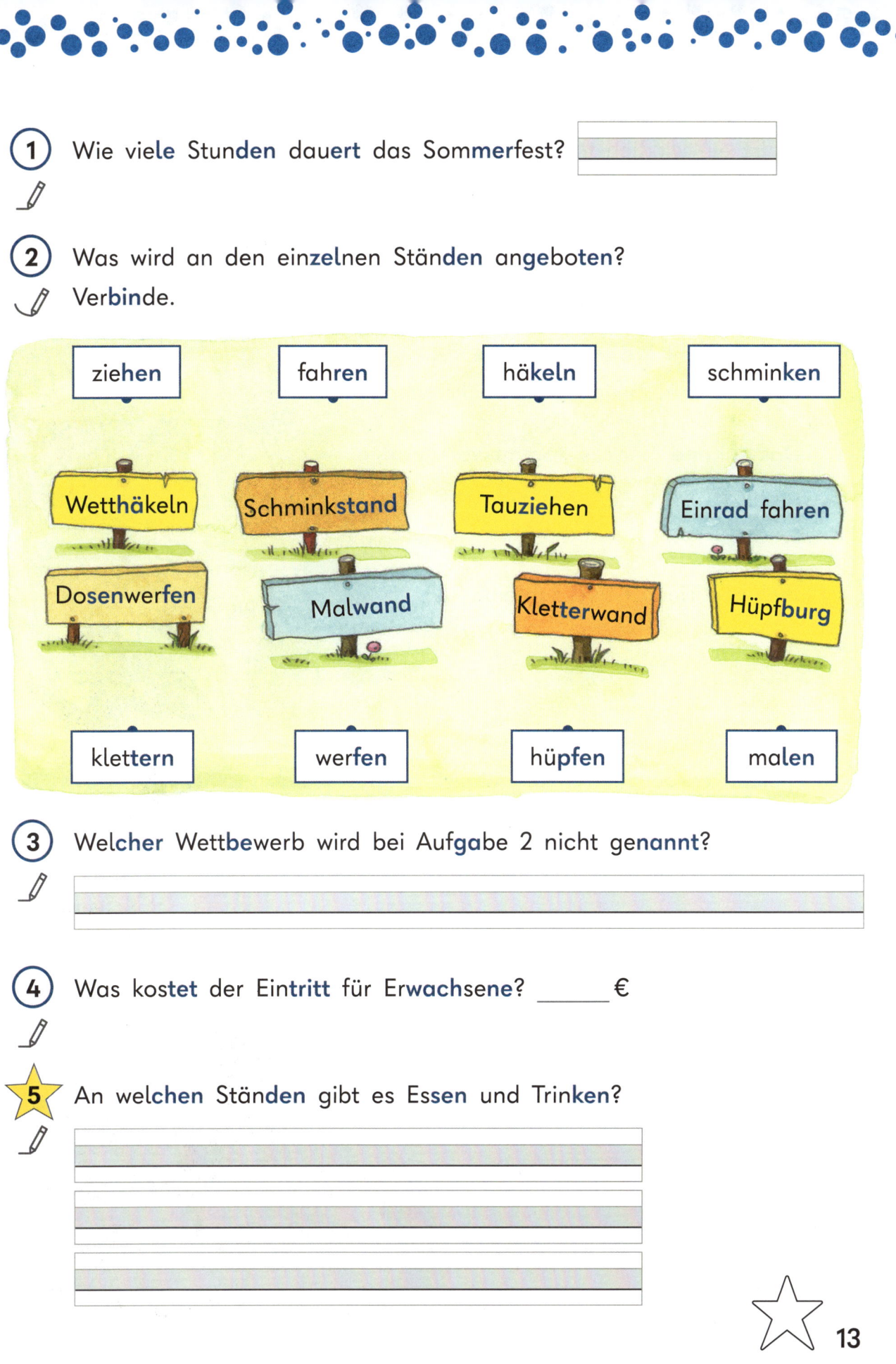

ziehen fahren häkeln schminken

Wetthäkeln Schminkstand Tauziehen Einrad fahren

Dosenwerfen Malwand Kletterwand Hüpfburg

klettern werfen hüpfen malen

3 Welcher Wettbewerb wird bei Aufgabe 2 nicht genannt?

🖊

4 Was kostet der Eintritt für Erwachsene? _____ €

🖊

5 An welchen Ständen gibt es Essen und Trinken?

🖊

13

Tierrätsel

Es ist ein wirklich tolles Tier,
Beine hat es – zwei wie wir.

In Bäumen schwingt es hin und her.
Das Klettern fällt ihm gar nicht schwer.

Es hat viel Kraft, hat dichtes Fell,
es ist sehr klug und auch recht schnell.

Das schöne Tier, es kommt von fern.
Bananen hat's zum Fressen gern.

1 Welches Tier ist es? Schreibe auf.

Drei dieser Tiere stehen hier,
gleiche Farben helfen dir.

Von welchen Namen sprech ich nur?
Schau auf die Silben an der Schnur!

2 Wie heißen die Tiere? Schreibe auf.

Stars-Check: Wörter-Rätsel

1 Was ist auf dem Bild zu sehen? Kreuze an.

- ☐ ein Frosch mit einer Mütze
- ☐ ein Schal
- ☐ eine schwarze Jacke
- ☐ eine Schneeburg
- ☐ Handschuhe
- ☐ eine Pflanze ohne Blüten

2 Wie viele Wörter stehen in jeder Reihe?

Kreise die Wörter ein. Schreibe die Anzahl dahinter.

WinterSchneeRegenTürBaumTee _____

kaltfrierenSchalnassHüttewarmgemütlich _____

HalstuchSchlittschuheSchneeballschlacht _____

3 Was ist gesucht? Schreibe auf.

Er besteht aus Schnee, ist rund und du kannst ihn werfen.

_____

Du brauchst sie im Winter, damit deine Hände warm bleiben.

_____

E-Mail an Oma

(1) Schreibe die passenden Wörter in die Lücken.

| Welt | Katze | Geburt | Augen | Schule | Wochen | Lehrer |

An: Ulli.Berger@beispiel.de

Betreff: Kätzchen sind da!

Von: Karla.Redig@beispiel.de

Liebe Oma,

gestern Nachmittag hat unsere _____ fünf süße Junge

zur _____ gebracht! Die Kätzchen sind noch blind

und taub und etwa 10 bis 15 cm groß.

Sofort nach der _____ haben die Jungen bei ihrer

Mutter getrunken. Als alle satt waren, haben sich die Kleinen

eng aneinander gekuschelt und geschlafen.

In der _____ sprechen wir gerade über Katzen.

Wir haben gelernt, dass die Kätzchen etwa am zehnten Tag ihre

_____ öffnen und dann auch beginnen zu hören.

Unser _____ sagt, dass man sie dabei nicht stören darf.

Katzen wachsen nämlich im Schlaf!

In etwa vier _____ werden unsere Kätzchen

dann im Haus herumtollen. Ich freue mich schon

darauf! Ich werde dir weiter berichten.

Ganz liebe Grüße von deiner Karla

APP Video: Sachfilm

Ein Wort zu viel

(1) In jedem Satz ist ein Wort zu viel. Streiche es durch.

Nela Tiere hat zwei Meerschweinchen.

Sie wohnen Haus in einem großen Gehege.

Heu und Stroh bedecken eine den Boden.

Meerschweinchen haben sollen nie allein gehalten werden.

5 Jedes Meerschweinchen lebt hat ein Häuschen.

Im Sommer heiß haben sie einen Auslauf im Garten.

Hier haben sie sich viel Platz zum Toben.

In Röhren und Tunneln verstecken sie sich spielen gerne.

Nela hat ein Buch lesen über Meerschweinchen.

10 Dort erfährt sie alles unter über die Tiere.

Meerschweinchen sind eine Nagetiere.

Sie nagen Zähne gerne an Ästen und Wurzeln.

Die Krallen müssen regelmäßig geschnitten Schere werden.

Sie fressen fliegt gerne Heu, Gras, Kräuter und Gemüse.

15 Ein Napf mit frischem Wasser nass darf nicht fehlen.

Jede Woche muss der Käfig gesäubert Lappen werden.

(2) Worüber erfährst du etwas aus dem Text? Unterstreiche.

Größe   Gewicht   Haltung   Pflege

Auslauf   Herkunft   Nahrung   Kosten

Waldheim, 20.7.

Verschwunden!

Wer hat unser Kaninchen Mucki gefunden?

Mucki ist seit gestern aus seinem Freigehege
in der Gartenstraße 5 verschwunden.
Er hat ein braunes, ganz weiches Fell.
Sein Bauch ist weiß. Auf der Stirn ist ein runder,
schwarzer Fleck.
Beide Ohren sind an den Spitzen weiß.
Die rechte Hinterpfote ist schwarz.
Mucki ist noch sehr klein. Er ist erst fünf Monate alt.

Wer ihn findet, meldet sich bitte bei:

Lukas Bronner
Tel.: 0172 9925904

Es gibt eine BELOHNUNG!

1 Welches Tier wird vermisst?

☐ ein Meerschweinchen ☐ ein Hase ☐ ein Kaninchen

2 Seit wann ist Mucki verschwunden?

☐ seit heute ☐ seit morgen ☐ seit gestern ☐ seit vorgestern

3 In welchem Monat ist Mucki verschwunden?

4 Wo wohnt Mucki?

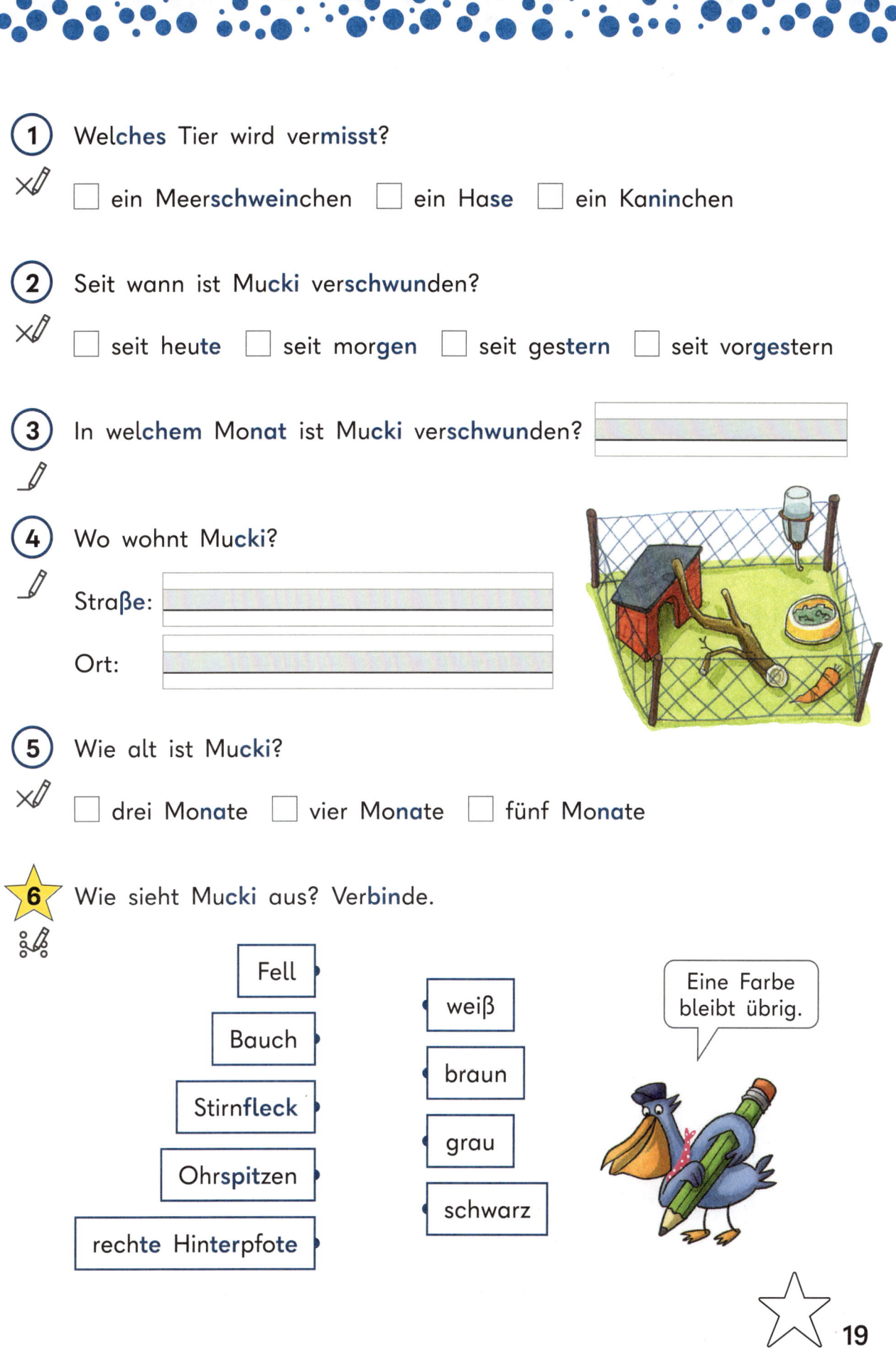

Straße:

Ort:

5 Wie alt ist Mucki?

☐ drei Monate ☐ vier Monate ☐ fünf Monate

6 Wie sieht Mucki aus? Verbinde.

| Fell |
| Bauch |
| Stirnfleck |
| Ohrspitzen |
| rechte Hinterpfote |

weiß

braun

grau

schwarz

Eine Farbe bleibt übrig.

Die lustigen Stadtmusikanten

Es war einmal vor langer Zeit auf einem Bauernhof, unweit einer
großen Stadt. Da lebten ein starker Esel, ein mutiger Hund, eine
flinke Katze und ein kluger Hahn. Täglich gingen sie ihrer Arbeit
nach und halfen ihrem Besitzer, wo immer sie konnten:

5 Der Esel zog den Karren, der Hund meldete die Besucher,
die Katze fing die Mäuse und der Hahn kündigte den neuen Tag an.

Doch der Bauer kaufte moderne Maschinen und die Tiere
wurden nicht mehr benötigt. Da beschlossen sie, den Hof
zu verlassen und sich ein neues Zuhause zu suchen.

10 Auf ihrem Weg in die Fremde begegneten sie vielen Tieren,
die ihre Hilfe brauchten.
Die Katze sagte: „Ich wärme alle, die frieren!"
Der Esel meinte: „Ich trage eure schweren Lasten."
Und der Hahn krähte: „Ich halte Ausschau nach bösen Räubern."
15 Der Hund bellte: „Und ich vertreibe sie!"

Eines Tages entdeckten sie eine verlassene Fabrik.
Die vier Freunde waren begeistert und richteten es sich dort
gemütlich ein. Alle Tiere, denen sie geholfen hatten,
kamen vorbei. Sie tanzten und sangen zusammen und
20 wurden bekannt als die lustigen Stadtmusikanten.
Und wenn sie nicht gestorben sind, so leben sie noch heute.

APP Audio: zuhören
     Audio: mitlesen

1 Wie beginnt das Märchen? Kreuze an.

☐ An einem schönen Tag ☐ Es war einmal ☐ Die lustigen Tiere

2 Warum verlassen die Tiere den Hof? Kreuze an.

☐ Sie wollen endlich Urlaub machen.

☐ Der Bauer hat sich neue Tiere angeschafft.

☐ Ihre Arbeit wurde nicht mehr benötigt.

3 Was machen die Tiere? Verbinde.

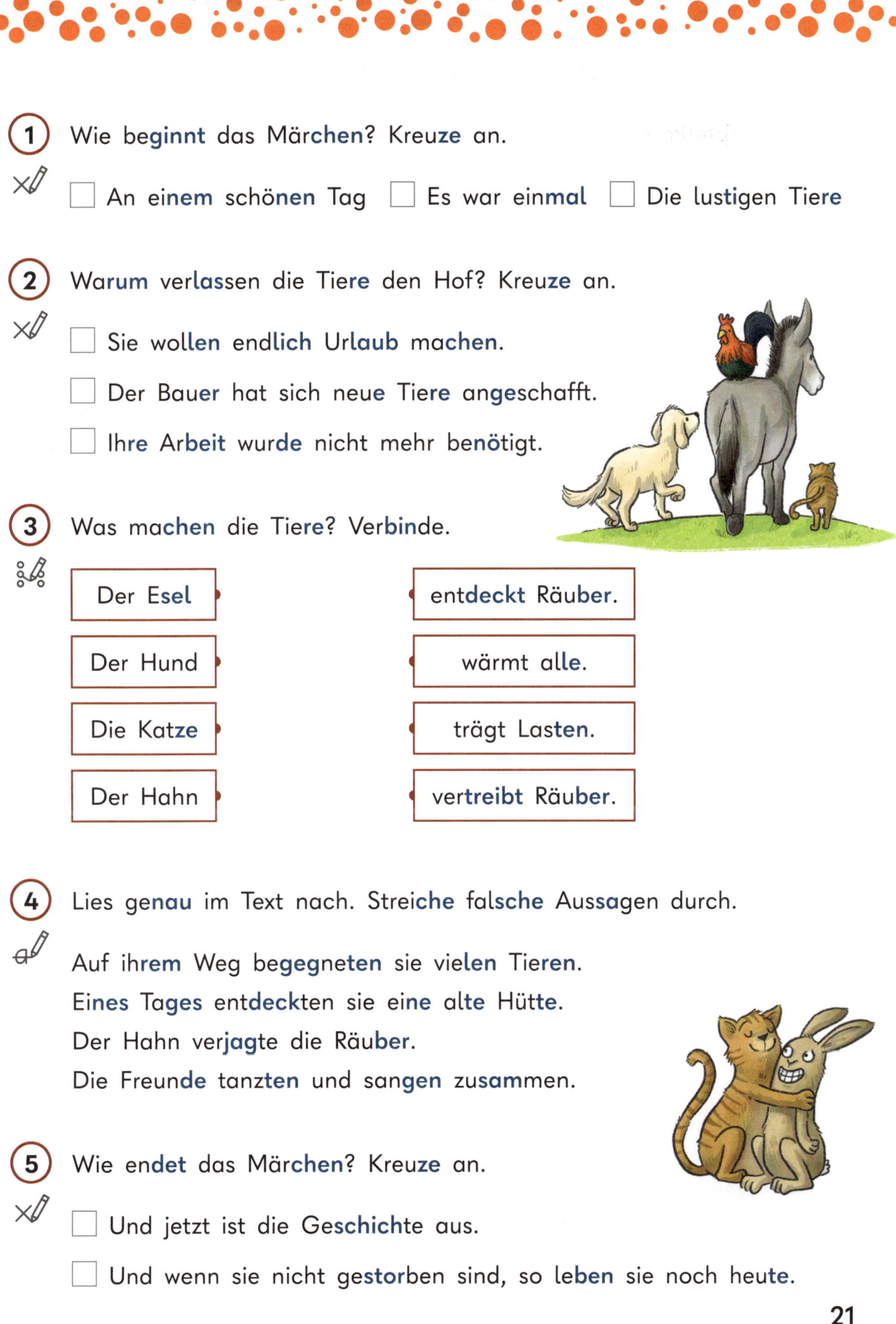

Der Esel	entdeckt Räuber.
Der Hund	wärmt alle.
Die Katze	trägt Lasten.
Der Hahn	vertreibt Räuber.

4 Lies genau im Text nach. Streiche falsche Aussagen durch.

Auf ihrem Weg begegneten sie vielen Tieren.
Eines Tages entdeckten sie eine alte Hütte.
Der Hahn verjagte die Räuber.
Die Freunde tanzten und sangen zusammen.

5 Wie endet das Märchen? Kreuze an.

☐ Und jetzt ist die Geschichte aus.

☐ Und wenn sie nicht gestorben sind, so leben sie noch heute.

21

Vom winzigen Kern zum leckeren Apfel

Der Apfelkern

Es ist kaum vorstellbar, dass aus einem so kleinen Kern einmal ein riesiger Apfelbaum werden kann.
Wird der Apfelkern in die Erde gesteckt, beginnt er zu keimen. Zunächst wachsen kleine Wurzeln nach unten und ein dünner Spross nach oben.

Der Baum

Über die Jahre wird aus diesem dünnen Spross ein kräftiger Baum. Dazu braucht er Sonne, Wasser und Luft. Ein Apfelbaum kann bis zu neun Meter hoch werden.

Die Blüte

Im Frühling beginnen an den Ästen kleine Blätter und Blüten zu wachsen. Die winzigen weiß-rosafarbigen Blüten sehen aus wie Minirosen. Aber erst wenn diese Blüten von den Bienen bestäubt werden, entwickeln sich aus ihnen kleine Früchte – die Äpfel.

Die Früchte

Während der warmen Monate wachsen die Äpfel am Baum heran. Wenn sie reif sind, lassen sie sich dann ganz leicht abnehmen. Manche Apfelsorten sind schon im August ausgereift. Die meisten von ihnen kann man aber erst im September oder Oktober ernten.

Essen und Trinken

Äpfel sind sehr gesund. Man kann sie direkt so essen oder zu leckeren Speisen und Getränken verarbeiten, wie zum Beispiel Apfelkuchen, Apfelmus oder Apfelsaft.

APP Audio: zuhören
Audio: mitlesen

1 Kreuze die richtigen Satzenden an.

Ein Apfelbaum wächst aus einem

☐ Apfelkorn. ☐ Apfelkarn. ☐ Apfelkurn. ☐ Apfelkern.

Ein Apfel entsteht aus

☐ einer Blume. ☐ einem Blatt. ☐ einer Blüte. ☐ einem Ast.

Apfelblüten werden bestäubt von

☐ Vögeln. ☐ Kindern. ☐ Bäumen. ☐ Bienen.

2 In welchen Monaten werden die meisten Äpfel geerntet?
Kreuze an.

☐ Januar und Februar ☐ Juli und August

☐ September und Oktober ☐ November und Dezember

3 Was passt zu welcher Überschrift? Verbinde.

Der Apfelkern	Er kann bis zu neun Meter hoch werden.
Der Baum	Er keimt in der Erde.
Die Blüte	Das können wir aus Äpfeln zubereiten.
Die Früchte	Sie wird von den Bienen bestäubt.
Essen und Trinken	Sie wachsen in den warmen Monaten.

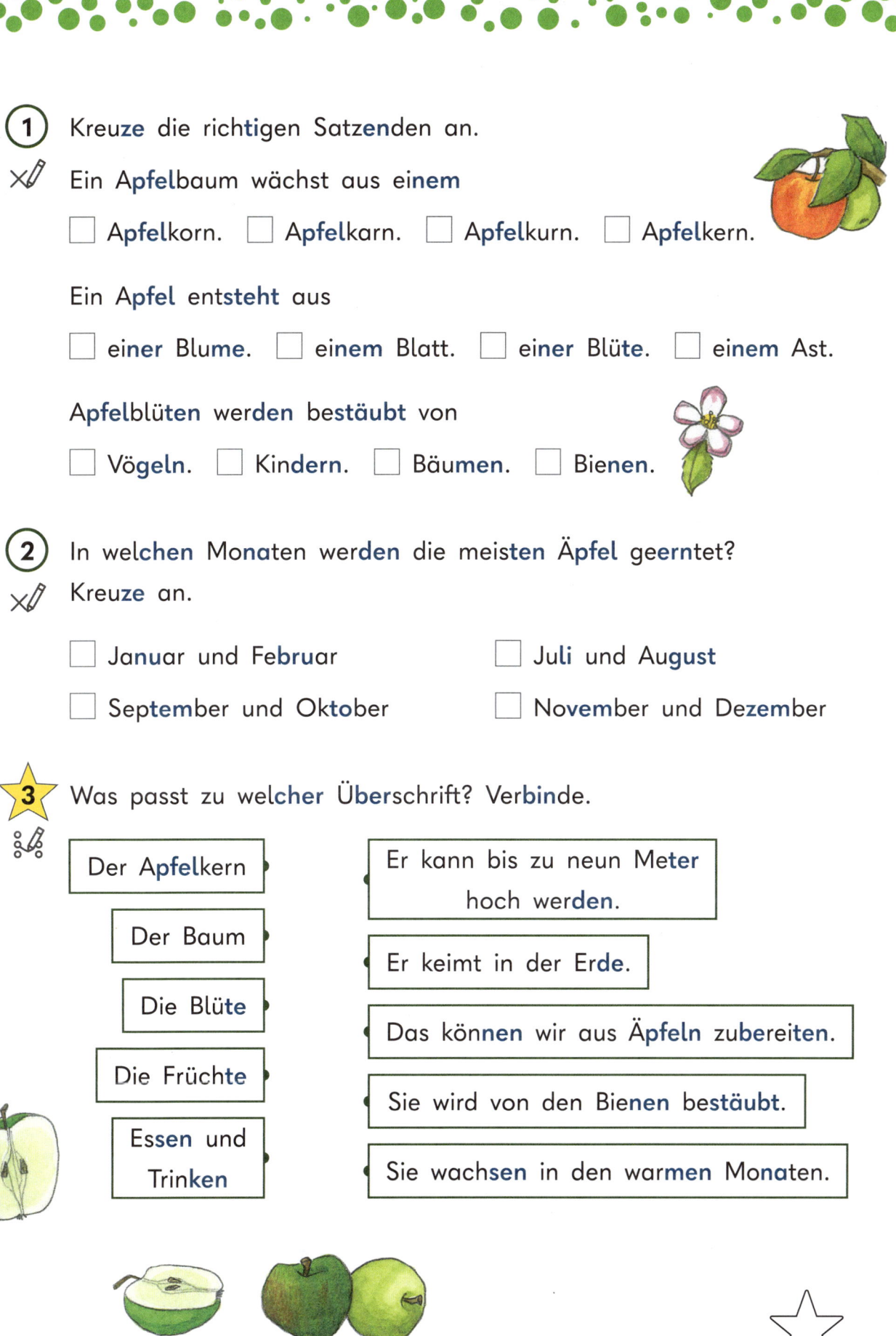

23

Witzig, witzig!

1 Was ist im zweiten Witz jeweils anders? Unterstreiche.

Zwei Frösche sitzen am Ufer,

als Regenwolken aufziehen.

Da sagt der eine Frosch: „Springen wir lieber

in den Teich, damit wir nicht nass werden!"

Zwei Frösche hocken am Ufer,

als Regenwolken aufziehen.

Da quakt der eine Frosch: „Hüpfen wir lieber

in den Teich, damit wir nicht nass werden!"

Eine Schnecke will auf die andere Straßenseite.

Da sagt eine andere Schnecke, die vorbeikriecht:

„Pass gut auf! In zwei Stunden kommt der Bus."

Eine Schnecke möchte auf die andere Straßenseite.

Da sagt eine andere Schnecke, die vorbeikommt:

„Pass schön auf! In zwei Stunden kommt ein Bus."

Ein Elefant und eine Maus wollen ins Schwimmbad.
Da ruft der Elefant am Eingang: „Oje, ich habe
gar keine Badehose dabei!" Die Maus beruhigt ihn:
„Nicht schlimm, ich habe zwei."

Ein Elefant und eine Maus wollen zum Schwimmbad.
Da jammert der Elefant am Eingang: „Auweia, ich habe
gar keine Badehose dabei!" Die Maus tröstet ihn:
„Egal, ich habe zwei."

So viele Geschenke!

1 Schreibe zu jeder Sprechblase die Nummer des passenden Geschenks.

1 Fußballschuhe

2 Gitarre

3 Einrad

4 Rucksack

5 Pferdebuch

6 Schwimmkurs

7 Schlittschuhe

8 Urlaub mit Oma

9 Reitkurs

10 Trompete

11 Fahrrad

Da bin ich ein ganzes Wochenende mit Pferden zusammen! Prima! _____

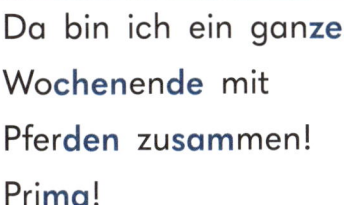

Das ist das beste Geschenk! Ich freu mich riesig aufs nächste Training, dann donnere ich den Ball ins Tor! _____

Mit diesem Instrument kann ich mich endlich beim Singen selbst begleiten. _____

Jetzt muss ich nicht mehr mit dem alten Drahtesel von meinem Bruder herumfahren. Mein neuer Flitzer ist knallrot. _____

Ich wollte schon immer ein so tolles Instrument lernen. Und ich darf dann sogar bald im Schulorchester mitspielen. _____

Das wird ein gigantischer Urlaub auf dem Hausboot: ein schaukelndes Bett, Schwimmen und Pfannkuchen ohne Ende! _____

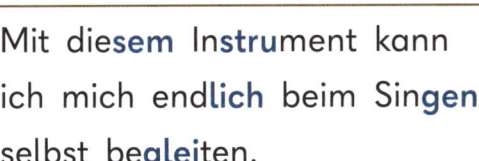

Hier geht's lang!

Es ist Theos erster Schultag an der Schule.
An der Eingangstür fragt er ein Mädchen,
das neben ihm geht: „Hallo, kennst du dich hier aus?
Weißt du, wo die Klasse 2 b ist?"

5 „Klar", sagt Nahla. „Das ist ganz einfach.
Hier links ist das Lehrerzimmer. Du musst
aber erstmal geradeaus und dann nach rechts.
Wenn du dort weitergehst, kommt rechts
der Eingang zur Bücherei. Du biegst dort links
10 in den Gang ab. Auf der rechten Seite ist
der Musikraum und links der Computerraum.
Hinter dem Computerraum gehst du nach links,
dann wieder nach links. Am Ende des Gangs
biegst du rechts ab. Die zweite Tür auf der
15 rechten Seite ist das Klassenzimmer der 2 b."

„Äh, danke. Hört sich echt einfach an", sagt Theo.
„Na dann ..." Nahla geht einen Schritt vor,
dann dreht sie sich wieder um und sagt:
„Du kannst aber auch einfach mit mir
20 hochgehen, ich bin auch in der 2 b."

1 Zeichne den Weg in die Klasse 2 b in den Plan.

26

ABC-Gitterrätsel

1 Welcher Apfel kann sehen?

2 Welches Blatt wächst nicht am Baum?

3 Welcher Schuh passt nicht an den Fuß?

4 Welches Kleid hat keine Knöpfe?

5 Welche Feige kann man nicht essen?

6 Welches Bein kann nicht laufen?

7 Welcher König hat kein Reich?

8 Welches Schloss ist nicht bewohnbar?

9 Welche Decke wärmt nicht?

10 Welche Tasche hat keinen Griff?

11 Welcher Hahn kräht nicht?

12 Welche Gasse führt nicht weiter?

13 Welcher Hut passt auf keinen Kopf?

14 Welches Schwein kann nicht laufen?

15 Welcher Ring passt nicht an den Finger?

16 Welches Pferd wird nie groß?

Streiche die Lösungswörter durch, die du schon verwendet hast.

1 Setze die Lösungswörter passend in das Gitterrätsel ein.

STUHLBEIN

ARBEITSBLATT

ZIMMERDECKE

OHRFEIGE

TÜRSCHLOSS

WASSERHAHN

AUGAPFEL

HANDSCHUH

ZAUNKÖNIG

BOXRING

FINGERHUT

SPARSCHWEIN

PONY

SACKGASSE

FEDERKLEID

QUARKTASCHE

★ 2 Welche Buchstaben aus dem ABC fehlen
in den gelben Kästchen?

___ ___ ___ ___ ___ ___ ___ ___ ___ ___

Familie Hoffmann verreist

1. Am ersten Ferientage
   gleich morgens früh um acht,
   da hat Familie Hoffmann
   sich auf den Weg gemacht.

2. Im fernen Reiselande,
   das sie noch nie gesehn,
   wolln sie zum ersten Male
   am Meer spazieren gehn.

3. Ins kleine grüne Auto,
   da passten alle rein.
   Drei Kinder auf dem Rücksitz
   und auch der Hund – ganz klein.

4. Sie fuhren durch die Berge
   vorbei an Wald und See
   und oben auf dem Gipfel,
   da lag sogar noch Schnee.

5. Und endlich dann am Abend,
   die Lider wurden schwer,
   sie bogen um die Ecke
   und sahen es – das Meer!

6. Hellwach und voller Freude,
   sie sperrten auf den Mund,
   bestaunten große Wellen,
   es wedelte der Hund.

7. Sie hüpften aus dem Auto
   und liefen durch den Sand.
   Nun sind sie angekommen
   im Urlaubsferienland.

APP Audio: zuhören

1 Zu welcher Tageszeit fährt die Familie in den Urlaub?

☐ morgens ☐ vormittags ☐ nachmittags ☐ abends

2 Worum geht es in dem Gedicht?

Es geht darum, dass ...

☐ Tiere in den Urlaub fahren.

☐ Zugfahren müde macht.

☐ eine Familie zum ersten Mal das Meer sieht.

☐ der Hund durch den Sand laufen durfte.

3 Zu welchen Strophen passen diese Wörter?

| Gebirge | Strophe _____ |
| Begeisterung | Strophe _____ |

| Müdigkeit | Strophe _____ |
| Abfahrt | Strophe _____ |

4 In jeder Strophe gibt es ein Reimpaar.
Schreibe das Reimwort dazu.

gemacht	gesehn	klein	Schnee

Meer	Mund	Urlaubsferienland

31

Tierische Sätze

1 Kreuze nur die sinnvollen Aussagen an.

- ☐ Schlangen können giftig sein.
- ☐ Fische haben acht Beine.
- ☐ Katzen schnurren.
- ☐ Kühe grasen auf Wiesen.
- ☐ Spatzen fressen Krokodile.
- ☐ Vögel picken mit dem Schnabel.
- ☐ Esel tragen im Stall Hausschuhe.
- ☐ Schmetterlinge sitzen oft auf Blüten.
- ☐ Hunde lesen gern dicke Bücher.
- ☐ Schafe haben ein wolliges Fell.
- ☐ Enten laufen im Winter Schlittschuh.
- ☐ Goldfische schwimmen im Teich.
- ☐ Eidechsen gibt es auch in Blau.
- ☐ Ameisen singen gerne Kinderlieder.
- ☐ Wellensittiche sind Haustiere.
- ☐ Eulen sitzen gern in Bäumen.
- ☐ Schnecken sind langsam.
- ☐ Koalas leben im Meer.
- ☐ Schweine grunzen.

Stars-Check: Sachtexte

1 Setze die Wörter passend ein.

| Königsplatz U-Bahn beeilen Stadt Verspätung |
| Untergrund Tunnel Ort Lautsprecher |

U-Bahn

Roberto wohnt in einer großen _____.

Um zur Schule zu kommen, fährt er jeden Tag

mit der _____. Eigentlich heißt dieser Zug

Untergrundbahn. Das U steht also für _____.

In vielen Städten gibt es U-Bahnen. Sie fahren durch einen

_____ tief unter der Erde. So kommen die Menschen

schnell von einem _____ zum anderen, ohne

das Auto nehmen zu müssen. Eine freundliche Stimme aus einem

_____ sagt, an welcher Station der Zug hält.

„Nächster Halt: _____!", hört Roberto jetzt.

Die U-Bahn hat heute leider _____.

Wenn er noch rechtzeitig zum Unterricht kommen möchte,

muss er sich nun aber _____!

2 Stimmt das? Kreuze richtige Sätze an.

☐ In eine U-Bahn passen viele Menschen.

☐ Für U-Bahnen braucht man Tunnel unter der Erde.

☐ U-Bahnen fahren von einem Dorf zum anderen.

Diebstahl

Marco langweilte sich.
Seine Mutter suchte nach einer Kette
in dem kleinen Schmuckgeschäft.
Eine Menge Leute befanden sich
5 im Laden. Der Junge beobachtete sie.

Er sah einer jungen Frau mit Brille und langem,
blondem, gelocktem Haar zu, die sich eine Silberkette
umhängte. Daneben stand ein Mädchen mit schwarzen,
glatten, kurzen Haaren und einer Zahnspange,
10 das sich einen silbernen Ring an den Finger steckte.
Er bemerkte auch, wie ein junger Mann mit Brille und
lockigem, kurzem, rotem Haar sich eine Goldkette nahm.
Außerdem fiel ihm auf, dass ein altes Ehepaar lange Zeit
eine Kette aus roten Edelsteinen genau betrachtete.

15 Die alte Frau trug einen lila Hut, unter dem ihre lockigen,
grauen, kurzen Haare hervorschauten. Der alte Mann
hatte eine Brille auf der Nase und eine Glatze.
Im Auge behielt Marco schließlich einen Jungen mit Brille,
kurzen, dunklen Haaren und Kappe. Er nahm einen
20 goldenen Ring aus dem Regal.
Dann entdeckte er seinen Freund Timo im Geschäft und
ging zu ihm. Er achtete nicht weiter darauf, was im Laden
passierte. Leute gingen ein und aus. Mutter hatte
inzwischen eine hübsche Kette gefunden. Eben wollte sie
25 bezahlen, als der Ladenbesitzer rief: „Jemand hat die
wertvolle Goldkette gestohlen! Wer war das?"
Zum Glück hatte Marco gut aufgepasst. Er konnte sagen,
wie die Person aussah, welche die wertvolle goldene Kette
mitgenommen hatte.

Lösungen Deutsch-Stars Lesetraining 2

(zum Heraustrennen die mittlere Klammer lösen)

Schulranzen

① Was gehört in den Schulranzen? Verbinde passend.

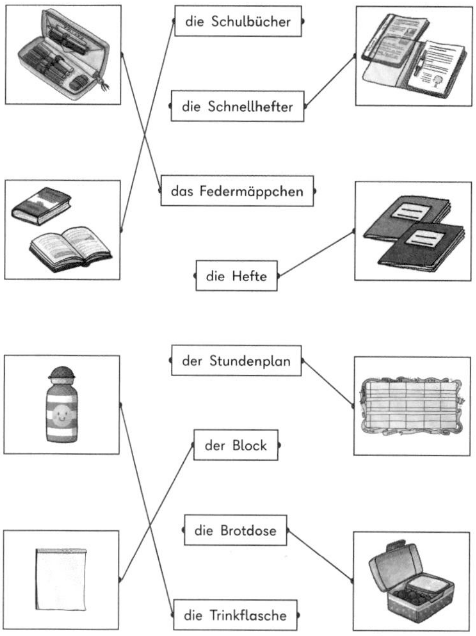

die Schulbücher

die Schnellhefter

das Federmäppchen

die Hefte

der Stundenplan

der Block

die Brotdose

die Trinkflasche

4

Federmäppchen

① Was gehört in das Federmäppchen? Verbinde passend.

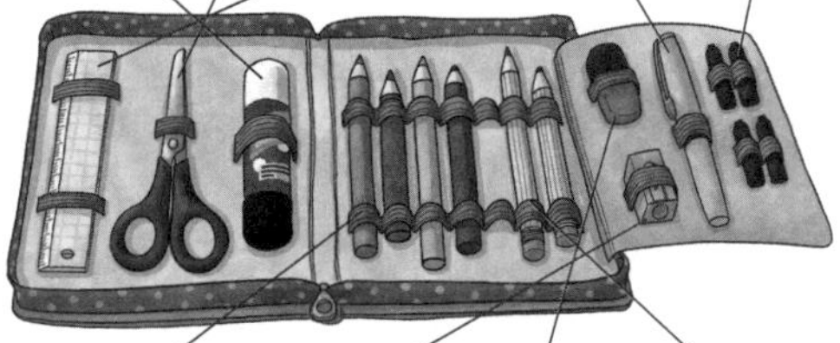

Kleber | Schere | Lineal | Füller | Patronen

Buntstifte | Spitzer | Radiergummi | Bleistifte

② Ergänze die Sätze mit den Wörtern von Aufgabe 1.

Mit dem **Lineal** unterstreiche ich.

Mit dem **Radiergummi** radiere ich.

Mit der **Schere** schneide ich.

Mit dem **Spitzer** spitze ich Stifte an.

Mit dem **Kleber** klebe ich etwas auf.

APP Video: Sachfilm

5

Reimwörter

① Verbinde jedes Bild mit dem passenden Reimwort.

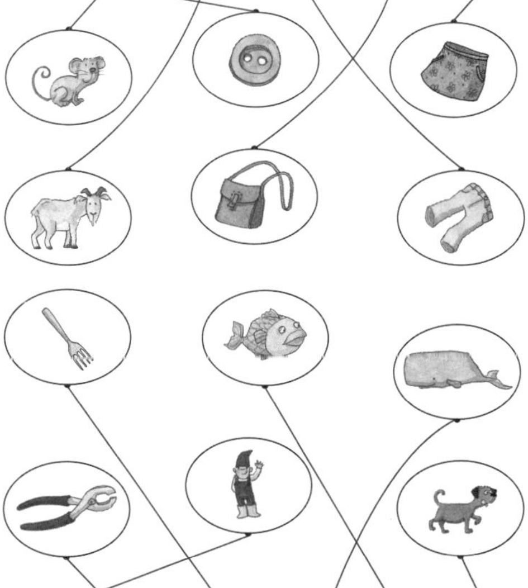

Topf | Haus | Liege | Rose | Flasche | Stock

Berg | Wange | Schnabel | Tal | Tisch | Mund

6

Wörterschlangen

① Kreise alle Wörter in den Schlangen ein. Immer ein Buchstabe bleibt übrig. Schreibe ihn auf die Zeile dahinter.

> Arbeite mit Bleistift, dann kannst du Fehler verbessern.

KRONE BLATT KREIS G PATRONE BAUCH — G

BRUDER ZWIEBEL TREPPE GLAS U HAUS — U

BRILLE SCHIFF TAG KOPP KATZE T MONAT — T

NACHT SINGEN ESSEN G SCHAUFEL FERIEN — G

LESEN FLASCHE KNOCHEN E TRINKEN TOR — E

ZAHL GEHEN BANANE LAUFEN M RUFEN TÜR — M

MARMELADE KLASSE LANG A SCHAF LUSTIG — A

ROLLSTUHL TRAKTOR LEISE C BUTTER ROT — C

ROSINE BLAU MITTWOCH H RAD SCHENKEN — H

FÜHLEN TOMATE T PIZZA FLIEGEN NETT BÄR — T

7

Wie heißen die Gemälde?

1 Schreibe die Nummer des Titels unter das passende Bild.

1 Im Sonnenblumenfeld
2 Rote Rosen am Fenster
3 Eselmutter mit Fohlen
4 Mann mit Sonnenbrille
5 Wilde Pferde im Sonnenuntergang
6 Sonnenuntergang in den Bergen
7 Die einsame Rose
8 Unterwegs mit der Pferdekutsche
9 Wehendes Haar im Sonnenuntergang
10 Kutschfahrt mit einem Esel
11 Zwei kleine Eselchen
12 Sonnenuntergang über dem Meer

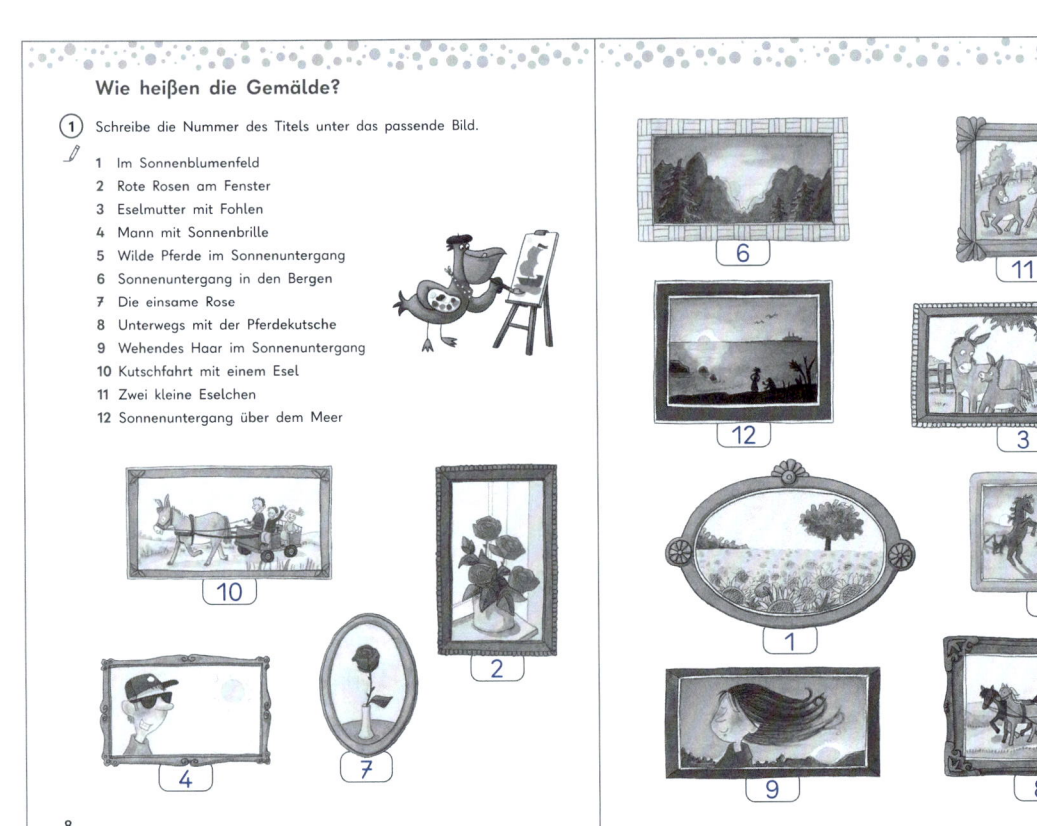

8

9

Im Märchen

1 Was passiert in den Märchen? Verbinde.

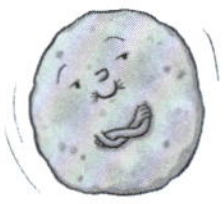

Hänsel und Gretel kommen ins

Rapunzel lässt ihr goldenes Haar

Hans im Glück tauscht

Sindbad der Seefahrer erlebt

herunter.

große Abenteuer.

Knusperhäuschen.

sein Gold.

Aschenputtel tanzt mit

Schneewittchen vergiftet sich

Der dicke fette Pfannkuchen lässt

Frau Holle sorgt dafür,

sich nicht von jedem essen.

dem Königssohn.

dass Schnee fällt.

am Apfel.

10

Wovon sprechen die Kinder?

1 Ordne die Nummern den passenden Aussagen zu.

Am Sonntag bin ich schon ganz früh aufgestanden und in den Garten gelaufen. Unter einem Strauch fand ich ein Nest voller bunter Eier. 3

Gestern habe ich einen neuen Handball bekommen. Nachmittags durfte ich dann meine besten Freunde einladen. Meine Mutter backte meinen Lieblingskuchen. 2

Jeden Tag kann ich ausschlafen und muss keine Hausaufgaben machen. Meistens fahren wir für zwei Wochen zu meinem Onkel. 1

In der Klasse durften wir uns verkleiden. Mein Freund und ich hatten ähnliche Hüte auf. Wir sangen lustige Lieder und warfen Luftschlangen. 5

Am schönsten finde ich es, wenn am Baum die Lichter brennen. Wir singen und packen unsere Geschenke aus. 6

Beim Laufen hat meine Klasse schon einen Pokal gewonnen. 4

Ferien	1
Geburtstag	2
Ostern	3
Sportfest	4
Kostümfest	5
Weihnachten	6

11

Einladung

Samstag, 11. Juli
10.00 – 14.00 Uhr

Für alle Kinder
Lehrerinnen und Lehrer
Eltern und Verwandte

ein Riesenspaß!

Dosenwerfen · Schminkstand · Hüpfburg · Stelzenlauf · Einrad fahren · Wetthäkeln · Malwand · Kletterwand · Tauziehen · Kuchenstand · Getränkestand · Grillstand

Der Eintritt kostet für Kinder 3 €.
Erwachsene bezahlen das Doppelte.

---

① Wie viele Stunden dauert das Sommerfest? **4 Stunden**

② Was wird an den einzelnen Ständen angeboten?
Verbinde.

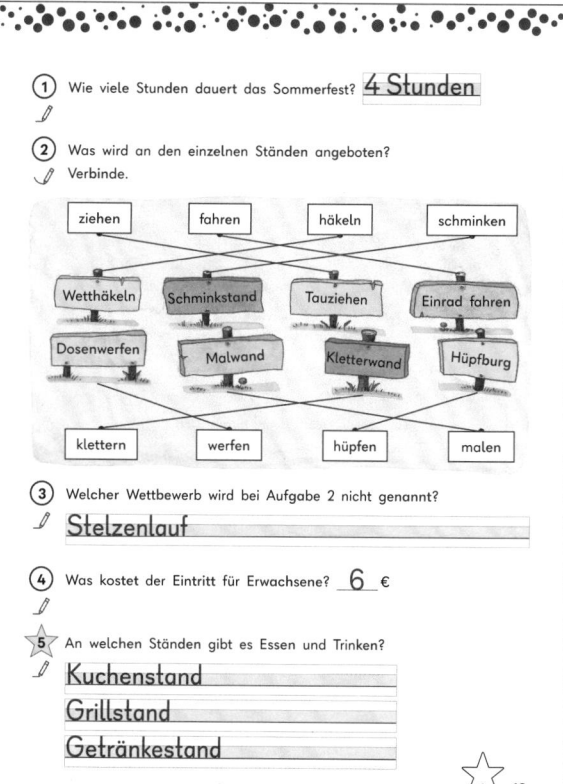

ziehen · fahren · häkeln · schminken

Wetthäkeln · Schminkstand · Tauziehen · Einrad fahren

Dosenwerfen · Malwand · Kletterwand · Hüpfburg

klettern · werfen · hüpfen · malen

③ Welcher Wettbewerb wird bei Aufgabe 2 nicht genannt?
Stelzenlauf

④ Was kostet der Eintritt für Erwachsene? **6** €

⑤ An welchen Ständen gibt es Essen und Trinken?
Kuchenstand
Grillstand
Getränkestand

Tierrätsel

Es ist ein wirklich tolles Tier,
Beine hat es – zwei wie wir.

In Bäumen schwingt es hin und her.
Das Klettern fällt ihm gar nicht schwer.

Es hat viel Kraft, hat dichtes Fell,
es ist sehr klug und auch recht schnell.

Das schöne Tier, es kommt von fern.
Bananen hat's zum Fressen gern.

① Welches Tier ist es? Schreibe auf.
Affe

Drei dieser Tiere stehen hier,
gleiche Farben helfen dir.

Von welchen Namen sprech ich nur?
Schau auf die Silben an der Schnur!

② Wie heißen die Tiere? Schreibe auf.
Schimpanse
Pavian
Gorilla

PAN · AN · SE · PA · RIL · VI · LA · SCHIM · GO

Stars-Check: Wörter-Rätsel

① Was ist auf dem Bild zu sehen? Kreuze an.

☒ ein Frosch mit einer Mütze
☒ ein Schal
☐ eine schwarze Jacke
☐ eine Schneeburg
☒ Handschuhe
☒ eine Pflanze ohne Blüten

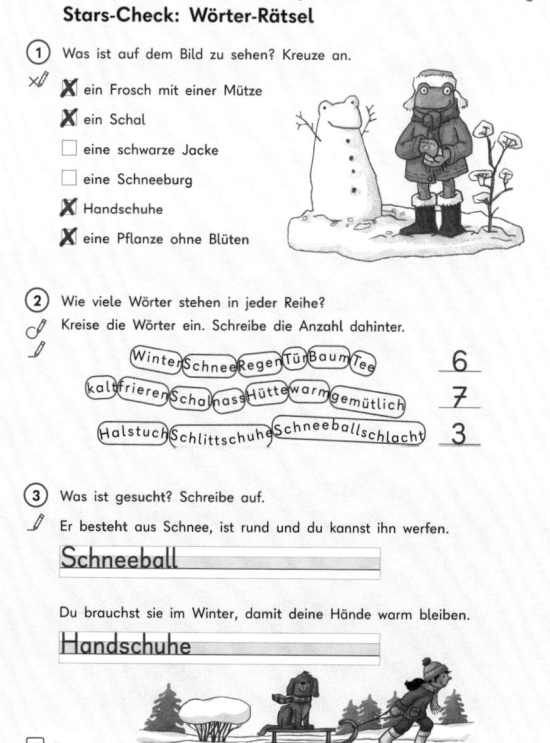

② Wie viele Wörter stehen in jeder Reihe?
Kreise die Wörter ein. Schreibe die Anzahl dahinter.

Winter Schnee Regen Tür Baum Tee **6**
kalt frieren Schal nass Hütte warm gemütlich **7**
Halstuch Schlittschuhe Schneeballschlacht **3**

③ Was ist gesucht? Schreibe auf.
Er besteht aus Schnee, ist rund und du kannst ihn werfen.
Schneeball

Du brauchst sie im Winter, damit deine Hände warm bleiben.
Handschuhe

APP Check

E-Mail an Oma

1 Schreibe die passenden Wörter in die Lücken.

| Welt | Katze | Geburt | Augen | Schule | Wochen | Lehrer |

An: Ulli.Berger@beispiel.de
Betreff: Kätzchen sind da!
Von: Karla.Redig@beispiel.de

Liebe Oma,

gestern Nachmittag hat unsere **Katze** fünf süße Junge

zur **Welt** gebracht! Die Kätzchen sind noch blind

und taub und etwa 10 bis 15 cm groß.

Sofort nach der **Geburt** haben die Jungen bei ihrer

Mutter getrunken. Als alle satt waren, haben sich die Kleinen

eng aneinander gekuschelt und geschlafen.

In der **Schule** sprechen wir gerade über Katzen.

Wir haben gelernt, dass die Kätzchen etwa am zehnten Tag ihre

Augen öffnen und dann auch beginnen zu hören.

Unser **Lehrer** sagt, dass man sie dabei nicht stören darf.

Katzen wachsen nämlich im Schlaf!

In etwa vier **Wochen** werden unsere Kätzchen

dann im Haus herumtollen. Ich freue mich schon

darauf! Ich werde dir weiter berichten.

Ganz liebe Grüße von deiner Karla

16 APP Video: Sachfilm

Ein Wort zu viel

1 In jedem Satz ist ein Wort zu viel. Streiche es durch.

Nela ~~Tiere~~ hat zwei Meerschweinchen.
Sie wohnen ~~Haus~~ in einem großen Gehege.
Heu und Stroh bedecken ~~eine~~ den Boden.
Meerschweinchen ~~haben~~ sollen nie allein gehalten werden.
5 Jedes Meerschweinchen ~~lebt~~ hat ein Häuschen.
Im Sommer ~~heiß~~ haben sie einen Auslauf im Garten.
Hier haben sie ~~sich~~ viel Platz zum Toben.
In Röhren und Tunneln verstecken sie sich ~~spielen~~ gerne.
Nela hat ein Buch ~~lesen~~ über Meerschweinchen.
10 Dort erfährt sie alles ~~unter~~ über die Tiere.
Meerschweinchen sind ~~eine~~ Nagetiere.
Sie nagen ~~Zähne~~ gerne an Ästen und Wurzeln.
Die Krallen müssen regelmäßig geschnitten ~~Schere~~ werden.
Sie fressen ~~fliegt~~ gerne Heu, Gras, Kräuter und Gemüse.
15 Ein Napf mit frischem Wasser ~~pass~~ darf nicht fehlen.
Jede Woche muss der Käfig gesäubert ~~Lappen~~ werden.

2 Worüber erfährst du etwas aus dem Text? Unterstreiche.

Größe   Gewicht   <u>Haltung</u>   <u>Pflege</u>

<u>Auslauf</u>   Herkunft   <u>Nahrung</u>   Kosten

17

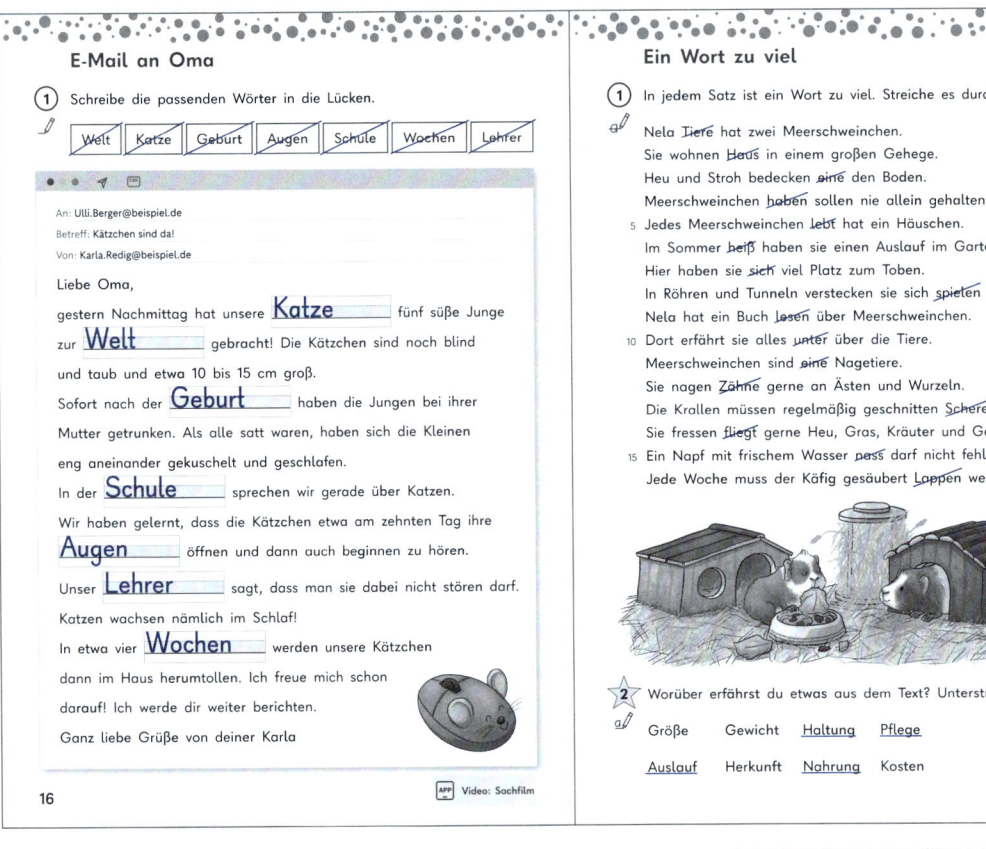

Suchanzeige

Waldheim, 20.7.

Verschwunden!

Wer hat unser Kaninchen Mucki gefunden?

Mucki ist seit gestern aus seinem Freigehege
in der Gartenstraße 5 verschwunden.
Er hat ein braunes, ganz weiches Fell.
Sein Bauch ist weiß. Auf der Stirn ist ein runder,
schwarzer Fleck.
Beide Ohren sind an den Spitzen weiß.
Die rechte Hinterpfote ist schwarz.
Mucki ist noch sehr klein. Er ist erst fünf Monate alt.

Wer ihn findet, meldet sich bitte bei:

Lukas Bronner
Tel.: 0172 9925904

Es gibt eine BELOHNUNG!

18

1 Welches Tier wird vermisst?
☐ ein Meerschweinchen ☐ ein Hase ☒ ein Kaninchen

2 Seit wann ist Mucki verschwunden?
☐ seit heute ☐ seit morgen ☒ seit gestern ☐ seit vorgestern

3 In welchem Monat ist Mucki verschwunden? **Juli**

4 Wo wohnt Mucki?
Straße: **Gartenstraße 5**
Ort: **Waldheim**

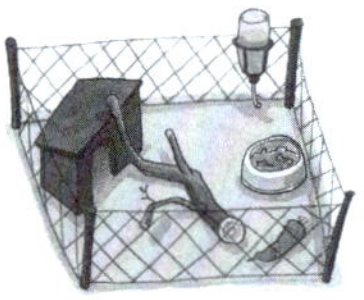

5 Wie alt ist Mucki?
☐ drei Monate ☐ vier Monate ☒ fünf Monate

6 Wie sieht Mucki aus? Verbinde.

Fell
Bauch   weiß
Stirnfleck   braun
Ohrspitzen   grau
rechte Hinterpfote   schwarz

Eine Farbe bleibt übrig.

19

Die lustigen Stadtmusikanten

Es war einmal vor langer Zeit auf einem Bauernhof, unweit einer
großen Stadt. Da lebten ein starker Esel, ein mutiger Hund, eine
flinke Katze und ein kluger Hahn. Täglich gingen sie ihrer Arbeit
nach und halfen ihrem Besitzer, wo immer sie konnten:
5 Der Esel zog den Karren, der Hund meldete die Besucher,
die Katze fing die Mäuse und der Hahn kündigte den neuen Tag an.

Doch der Bauer kaufte moderne Maschinen und die Tiere
wurden nicht mehr benötigt. Da beschlossen sie, den Hof
zu verlassen und sich ein neues Zuhause zu suchen.

10 Auf ihrem Weg in die Fremde begegneten sie vielen Tieren,
die ihre Hilfe brauchten.
Die Katze sagte: „Ich wärme alle, die frieren!"
Der Esel meinte: „Ich trage eure schweren Lasten."
Und der Hahn krähte: „Ich halte Ausschau nach bösen Räubern."
15 Der Hund bellte: „Und ich vertreibe sie!"

Eines Tages entdeckten sie eine verlassene Fabrik.
Die vier Freunde waren begeistert und richteten es sich dort
gemütlich ein. Alle Tiere, denen sie geholfen hatten,
kamen vorbei. Sie tanzten und sangen zusammen und
20 wurden bekannt als die lustigen Stadtmusikanten.
Und wenn sie nicht gestorben sind, so leben sie noch heute.

APP Audio: zuhören
Audio: mitlesen

---

① Wie beginnt das Märchen? Kreuze an.

☐ An einem schönen Tag ☒ Es war einmal ☐ Die lustigen Tiere

② Warum verlassen die Tiere den Hof? Kreuze an.

☐ Sie wollen endlich Urlaub machen.

☐ Der Bauer hat sich neue Tiere angeschafft.

☒ Ihre Arbeit wurde nicht mehr benötigt.

③ Was machen die Tiere? Verbinde.

Der Esel	entdeckt Räuber.
Der Hund	wärmt alle.
Die Katze	trägt Lasten.
Der Hahn	vertreibt Räuber.

④ Lies genau im Text nach. Streiche falsche Aussagen durch.

Auf ihrem Weg begegneten sie vielen Tieren.
~~Eines Tages entdeckten sie eine alte Hütte.~~
~~Der Hahn verjagte die Räuber.~~
Die Freunde tanzten und sangen zusammen.

⑤ Wie endet das Märchen? Kreuze an.

☐ Und jetzt ist die Geschichte aus.

☒ Und wenn sie nicht gestorben sind, so leben sie noch heute.

Vom winzigen Kern zum leckeren Apfel

Der Apfelkern
Es ist kaum vorstellbar, dass aus einem so kleinen Kern
einmal ein riesiger Apfelbaum werden kann.
Wird der Apfelkern in die Erde gesteckt, beginnt er
zu keimen. Zunächst wachsen kleine Wurzeln nach unten
und ein dünner Spross nach oben.

Der Baum
Über die Jahre wird aus diesem dünnen
Spross ein kräftiger Baum. Dazu braucht er
Sonne, Wasser und Luft. Ein Apfelbaum kann
bis zu neun Meter hoch werden.

Die Blüte
Im Frühling beginnen an den Ästen kleine Blätter und Blüten
zu wachsen. Die winzigen weiß-rosafarbenen Blüten sehen aus
wie Minirosen. Aber erst wenn diese Blüten von den Bienen
bestäubt werden, entwickeln sich
aus ihnen kleine Früchte – die Äpfel.

Die Früchte
Während der warmen Monate wachsen die Äpfel am Baum
heran. Wenn sie reif sind, lassen sie sich dann ganz leicht
abnehmen. Manche Apfelsorten sind schon im August ausgereift.
Die meisten von ihnen kann man aber erst im September oder
Oktober ernten.

Essen und Trinken
Äpfel sind sehr gesund. Man kann sie direkt so essen
oder zu leckeren Speisen und Getränken verarbeiten,
wie zum Beispiel Apfelkuchen, Apfelmus
oder Apfelsaft.

APP Audio: zuhören
Audio: mitlesen

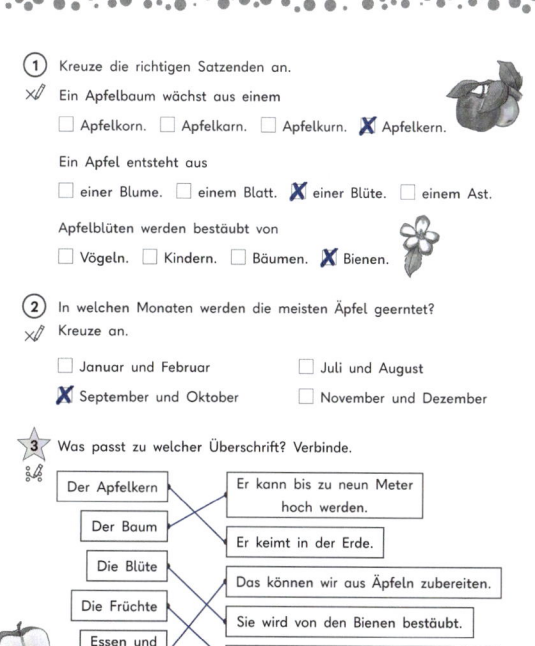

① Kreuze die richtigen Satzenden an.

Ein Apfelbaum wächst aus einem
☐ Apfelkorn. ☐ Apfelkarn. ☐ Apfelkurn. ☒ Apfelkern.

Ein Apfel entsteht aus
☐ einer Blume. ☐ einem Blatt. ☒ einer Blüte. ☐ einem Ast.

Apfelblüten werden bestäubt von
☐ Vögeln. ☐ Kindern. ☐ Bäumen. ☒ Bienen.

② In welchen Monaten werden die meisten Äpfel geerntet?
Kreuze an.

☐ Januar und Februar ☐ Juli und August

☒ September und Oktober ☐ November und Dezember

③ Was passt zu welcher Überschrift? Verbinde.

Der Apfelkern	Er kann bis zu neun Meter hoch werden.
Der Baum	Er keimt in der Erde.
Die Blüte	Das können wir aus Äpfeln zubereiten.
Die Früchte	Sie wird von den Bienen bestäubt.
Essen und Trinken	Sie wachsen in den warmen Monaten.

Witzig, witzig!

1 Was ist im zweiten Witz jeweils anders? Unterstreiche.

> Zwei Frösche sitzen am Ufer,
> als Regenwolken aufziehen.
> Da sagt der eine Frosch: „Springen wir lieber
> in den Teich, damit wir nicht nass werden!"
>
> Zwei Frösche hocken am Ufer,
> als Regenwolken aufziehen.
> Da quakt der eine Frosch: „Hüpfen wir lieber
> in den Teich, damit wir nicht nass werden!"

> Eine Schnecke will auf die andere Straßenseite.
> Da sagt eine andere Schnecke, die vorbeikriecht:
> „Pass gut auf! In zwei Stunden kommt der Bus."
>
> Eine Schnecke möchte auf die andere Straßenseite.
> Da sagt eine andere Schnecke, die vorbeikommt:
> „Pass schön auf! In zwei Stunden kommt ein Bus."

> Ein Elefant und eine Maus wollen ins Schwimmbad.
> Da ruft der Elefant am Eingang: „Oje, ich habe
> gar keine Badehose dabei!" Die Maus beruhigt ihn:
> „Nicht schlimm, ich habe zwei."
>
> Ein Elefant und eine Maus wollen zum Schwimmbad.
> Da jammert der Elefant am Eingang: „Auweia, ich habe
> gar keine Badehose dabei!" Die Maus tröstet ihn:
> „Egal, ich habe zwei."

24

So viele Geschenke!

1 Schreibe zu jeder
Sprechblase die Nummer
des passenden Geschenks.

1 Fußballschuhe
2 Gitarre
3 Einrad
4 Rucksack
5 Pferdebuch
6 Schwimmkurs
7 Schlittschuhe
8 Urlaub mit Oma
9 Reitkurs
10 Trompete
11 Fahrrad

> Da bin ich ein ganzes
> Wochenende mit
> Pferden zusammen!
> Prima! __9__

> Das ist das beste Geschenk!
> Ich freu mich riesig aufs
> nächste Training, dann donnere
> ich den Ball ins Tor! __1__

> Mit diesem Instrument kann
> ich mich endlich beim Singen
> selbst begleiten. __2__

> Jetzt muss ich nicht mehr mit dem alten
> Drahtesel von meinem Bruder herumfahren.
> Mein neuer Flitzer ist knallrot. __11__

> Ich wollte schon
> immer ein so tolles
> Instrument lernen. Und
> ich darf dann sogar
> bald im Schulorchester
> mitspielen. __10__

> Das wird ein
> gigantischer Urlaub
> auf dem Hausboot:
> ein schaukelndes
> Bett, Schwimmen und
> Pfannkuchen ohne
> Ende! __8__

25

Hier geht's lang!

Es ist Theos erster Schultag an der Schule.
An der Eingangstür fragt er ein Mädchen,
das neben ihm geht: „Hallo, kennst du dich hier aus?
Weißt du, wo die Klasse 2 b ist?"

5 „Klar", sagt Nahla. „Das ist ganz einfach.
Hier links ist das Lehrerzimmer. Du musst
aber erstmal geradeaus und dann nach rechts.
Wenn du dort weitergehst, kommt rechts
der Eingang zur Bücherei. Du biegst dort links
10 in den Gang ab. Auf der rechten Seite ist
der Musikraum und links der Computerraum.
Hinter dem Computerraum gehst du nach links,
dann wieder nach links. Am Ende des Gangs
biegst du rechts ab. Die zweite Tür auf der
15 rechten Seite ist das Klassenzimmer der 2 b."

„Äh, danke. Hört sich echt einfach an", sagt Theo.
„Na dann ..." Nahla geht einen Schritt vor,
dann dreht sie sich wieder um und sagt:
„Du kannst aber auch einfach mit mir
20 hochgehen, ich bin auch in der 2 b."

1 Zeichne den Weg in die Klasse 2 b in den Plan.

26

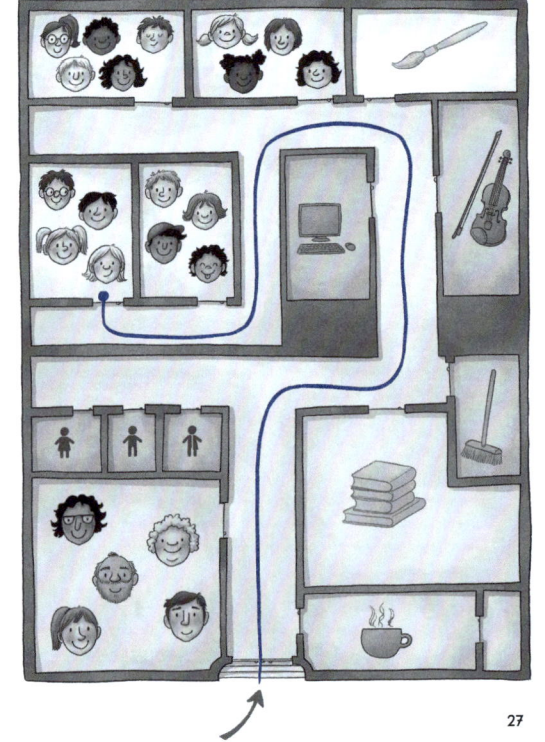

27

ABC-Gitterrätsel

1 Welcher Apfel kann sehen?
2 Welches Blatt wächst nicht am Baum?
3 Welcher Schuh passt nicht an den Fuß?
4 Welches Kleid hat keine Knöpfe?
5 Welche Feige kann man nicht essen?
6 Welches Bein kann nicht laufen?
7 Welcher König hat kein Reich?
8 Welches Schloss ist nicht bewohnbar?
9 Welche Decke wärmt nicht?
10 Welche Tasche hat keinen Griff?
11 Welcher Hahn kräht nicht?
12 Welche Gasse führt nicht weiter?
13 Welcher Hut passt auf keinen Kopf?
14 Welches Schwein kann nicht laufen?
15 Welcher Ring passt nicht an den Finger?
16 Welches Pferd wird nie groß?

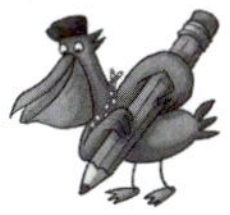

> Streiche die Lösungswörter durch, die du schon verwendet hast.

(1) Setze die Lösungswörter passend in das Gitterrätsel ein.

~~STUHLBEIN~~   ~~ARBEITSBLATT~~   ~~ZIMMERDECKE~~

~~OHRFEIGE~~   ~~TÜRSCHLOSS~~   ~~WASSERHAHN~~

~~AUGAPFEL~~   ~~HANDSCHUH~~   ~~ZAUNKÖNIG~~

~~BOXRING~~   ~~FINGERHUT~~   ~~SPARSCHWEIN~~   PONY

~~SACKGASSE~~   ~~FEDERKLEID~~   ~~QUARKTASCHE~~

28

Gitterrätsel:

```
 1▸ A U G A P F E L
 2▸ A R B E I T S B L A T T
 3▸ H A N D S C H U H
 4▸ F E D E R K L E I D
 5▸ O H R F E I G E
 6▸ S T U H L B E I N
 7▸ Z A U N K Ö N I G
 8▸ T Ü R S C H L O S S
 9▸ Z I M M E R D E C K E
10▸ Q U A R K T A S C H E
11▸ W A S S E R H A H N
12▸ S A C K G A S S E
13▸ F I N G E R H U T
14▸ S P A R S C H W E I N
15▸ B O X R I N G
16▸ P O N Y
```

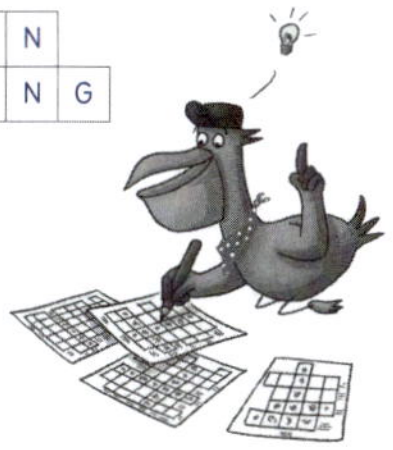

(2) Welche Buchstaben aus dem ABC fehlen in den gelben Kästchen?

D F H J N O P T V Z

29

Familie Hoffmann verreist

1. Am ersten Ferientage
gleich morgens früh um acht,
da hat Familie Hoffmann
sich auf den Weg gemacht.

2. Im fernen Reiselande,
das sie noch nie gesehn,
wolln sie zum ersten Male
am Meer spazieren gehn.

3. Ins kleine grüne Auto,
da passten alle rein.
Drei Kinder auf dem Rücksitz
und auch der Hund – ganz klein.

4. Sie fuhren durch die Berge
vorbei an Wald und See
und oben auf dem Gipfel,
da lag sogar noch Schnee.

5. Und endlich dann am Abend,
die Lider wurden schwer,
sie bogen um die Ecke
und sahen es – das Meer!

6. Hellwach und voller Freude,
sie sperrten auf den Mund,
bestaunten große Wellen,
es wedelte der Hund.

7. Sie hüpften aus dem Auto
und liefen durch den Sand.
Nun sind sie angekommen
im Urlaubsferienland.

30   APP Audio: zuhören

(1) Zu welcher Tageszeit fährt die Familie in den Urlaub?

☒ morgens   ☐ vormittags   ☐ nachmittags   ☐ abends

(2) Worum geht es in dem Gedicht?

Es geht darum, dass ...

☐ Tiere in den Urlaub fahren.

☐ Zugfahren müde macht.

☒ eine Familie zum ersten Mal das Meer sieht.

☐ der Hund durch den Sand laufen durfte.

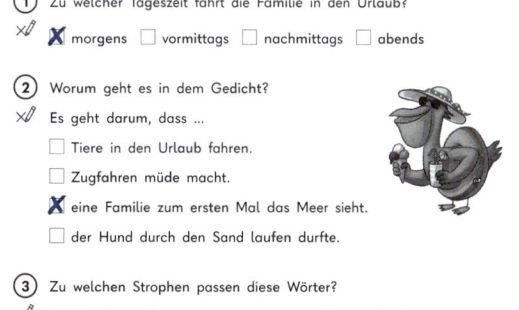

(3) Zu welchen Strophen passen diese Wörter?

| Gebirge | Strophe 4 | | Müdigkeit | Strophe 5 |
| Begeisterung | Strophe 6 | | Abfahrt | Strophe 1 |

(4) In jeder Strophe gibt es ein Reimpaar.
Schreibe das Reimwort dazu.

acht	gehn	rein	See
gemacht	gesehn	klein	Schnee

schwer	Hund	Sand	
Meer	Mund	Urlaubsferienland	

31

Tierische Sätze

1 Kreuze nur die sinnvollen Aussagen an.

- ✗ Schlangen können giftig sein.
- ☐ Fische haben acht Beine.
- ✗ Katzen schnurren.
- ✗ Kühe grasen auf Wiesen.
- ☐ Spatzen fressen Krokodile.
- ✗ Vögel picken mit dem Schnabel.
- ☐ Esel tragen im Stall Hausschuhe.
- ✗ Schmetterlinge sitzen oft auf Blüten.
- ☐ Hunde lesen gern dicke Bücher.
- ✗ Schafe haben ein wolliges Fell.
- ☐ Enten laufen im Winter Schlittschuh.
- ✗ Goldfische schwimmen im Teich.
- ✗ Eidechsen gibt es auch in Blau.
- ☐ Ameisen singen gerne Kinderlieder.
- ✗ Wellensittiche sind Haustiere.
- ✗ Eulen sitzen gern in Bäumen.
- ✗ Schnecken sind langsam.
- ☐ Koalas leben im Meer.
- ✗ Schweine grunzen.

Stars-Check: Sachtexte

1 Setze die Wörter passend ein.

Königsplatz U-Bahn beeilen Stadt Verspätung
Untergrund Tunnel Ort Lautsprecher

U-Bahn

Roberto wohnt in einer großen **Stadt**

Um zur Schule zu kommen, fährt er jeden Tag

mit der **U-Bahn** Eigentlich heißt dieser Zug

Untergrundbahn. Das U steht also für **Untergrund**.

In vielen Städten gibt es U-Bahnen. Sie fahren durch einen

Tunnel tief unter der Erde. So kommen die Menschen

schnell von einem **Ort** zum anderen, ohne

das Auto nehmen zu müssen. Eine freundliche Stimme aus einem

Lautsprecher sagt, an welcher Station der Zug hält.

„Nächster Halt: **Königsplatz** !", hört Roberto jetzt.

Die U-Bahn hat heute leider **Verspätung**

Wenn er noch rechtzeitig zum Unterricht kommen möchte,

muss er sich nun aber **beeilen**

2 Stimmt das? Kreuze richtige Sätze an.

- ✗ In eine U-Bahn passen viele Menschen.
- ✗ Für U-Bahnen braucht man Tunnel unter der Erde.
- ☐ U-Bahnen fahren von einem Dorf zum anderen.

APP Check

Diebstahl

Marco langweilte sich.
Seine Mutter suchte nach einer Kette
in dem kleinen Schmuckgeschäft.
Eine Menge Leute befanden sich
5 im Laden. Der Junge beobachtete sie.

Er sah einer jungen Frau mit Brille und langem,
blondem, gelocktem Haar zu, die sich eine Silberkette
umhängte. Daneben stand ein Mädchen mit schwarzen,
glatten, kurzen Haaren und einer Zahnspange,
10 das sich einen silbernen Ring an den Finger steckte.
Er bemerkte auch, wie ein junger Mann mit Brille und
lockigem, kurzem, rotem Haar sich eine Goldkette nahm.
Außerdem fiel ihm auf, dass ein altes Ehepaar lange Zeit
eine Kette aus roten Edelsteinen genau betrachtete.
15 Die alte Frau trug einen lila Hut, unter dem ihre lockigen,
grauen, kurzen Haare hervorschauten. Der alte Mann
hatte eine Brille auf der Nase und eine Glatze.
Im Auge behielt Marco schließlich einen Jungen mit Brille,
kurzen, dunklen Haaren und Kappe. Er nahm einen
20 goldenen Ring aus dem Regal.
Dann entdeckte er seinen Freund Timo im Geschäft und
ging zu ihm. Er achtete nicht weiter darauf, was im Laden
passierte. Leute gingen ein und aus. Mutter hatte
inzwischen eine hübsche Kette gefunden. Eben wollte sie
25 bezahlen, als der Ladenbesitzer rief: „Jemand hat die
wertvolle Goldkette gestohlen! Wer war das?"
Zum Glück hatte Marco gut aufgepasst. Er konnte sagen,
wie die Person aussah, welche die wertvolle goldene Kette
mitgenommen hatte.

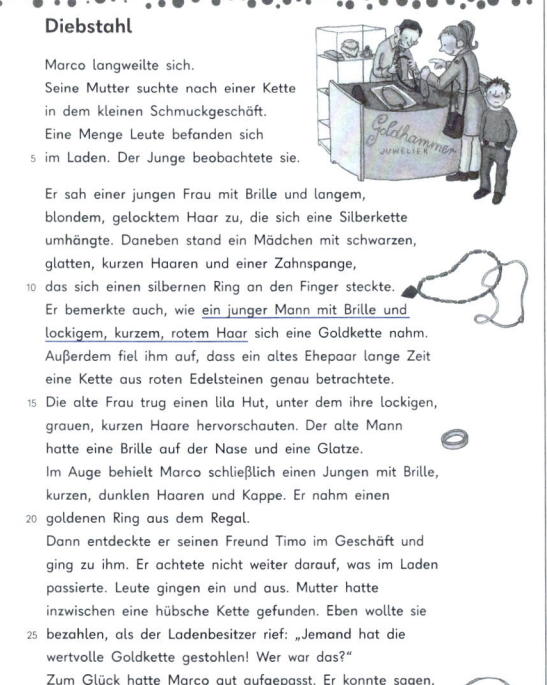

1 Was wurde gestohlen?

Eine **Goldkette**

2 Wer sah sich was an? Verbinde Person und Schmuckstück.

junge Frau	silberner Ring
Mädchen	Edelsteinkette
Junge	Goldkette
altes Ehepaar	Silberkette
junger Mann	goldener Ring

3 Wer hat gestohlen? Zeichne das Gesicht.

GESUCHT

Suche die passende Stelle im Text. Unterstreiche die Beschreibung. Zeichne dann das Gesicht.

4 Welche Person kommt nicht in der Geschichte vor? Kreuze an.

☐ ✗ ☐ ☐

Was möchtest du werden?

Sami hatte vier Türme, Mauern dazwischen und ein großes Haus
für die Ritter in der Mitte gebaut. Jetzt war seine Sandburg fertig.
„He, Lina, schau mal!", rief er nach seiner Freundin, die im Meer
badete. Lina rannte zu ihm und war begeistert von seinem
5 Meisterwerk: „Das sieht ja toll aus!"
Stolz erklärte Sami: „Später möchte ich einmal richtige Burgen
bauen. Ich will ein Baumeister werden!" Dann fragte er Lina:
„Was willst du für einen Beruf haben, wenn du groß bist?"
„Ich möchte Rettungsschwimmerin werden. Da kann ich den ganzen
10 Tag am Strand sitzen und auf das Meer schauen!"
Nachdenklich meinte Sami: „Aber wenn jemand zu weit
hinausschwimmt, musst du ihm nachschwimmen und ihn retten!"
Er schwamm nicht besonders gern im Meer. Und eigentlich
wollte er auch nicht, dass Lina aufs Meer hinausschwamm.
15 Aber Lina lachte nur: „Ja klar, das ist ja das Tolle! Ich werde
eine Lebensretterin!"
Sami rieb sich die Nase. „Ich könnte ja Schiffe bauen anstatt
Burgen." Erstaunt fragte Lina: „Möchtest du denn lieber Schiffe
als Burgen bauen?"
20 „Na ja, Burgen braucht man ja eigentlich nicht mehr. Es gibt
keine Ritter mehr. Da ist es doch besser, wenn ich Schiffe baue.
Ich könnte Rettungsboote bauen. Damit kannst du dann die Leute
retten, die zu weit auf das Meer hinausschwimmen."
Lina lächelte. „Ja, das ist eine sehr gute Idee!"

36

---

(1) Wie sieht Samis Burg aus? Zeichne.

(2) Welche Berufe wollen die Kinder später haben?

Sami: **Baumeister**

Lina: **Rettungsschwimmerin**

(3) Weshalb möchte Sami gerne Rettungsboote bauen?
Kreuze an.

☐ Er kann am besten Schiffe bauen.

☒ Er möchte damit Lina einen Gefallen tun.

☐ Er möchte damit aufs Meer hinausfahren.

(4) Sami möchte am Ende doch keine Burgen bauen.
Welchen Grund nennt er dafür? Unterstreiche im Text.

37

Tiere im Winter

Winteraktive Tiere

Tiere, die in der freien Natur leben, verbringen die kalte Jahreszeit
unterschiedlich. Viele Tiere sind das ganze Jahr aktiv und brauchen
regelmäßig Nahrung. Ein dickeres Fell schützt sie vor der Kälte.

Die Winterschläfer

Manche Tiere futtern sich im Herbst eine dicke Fettschicht an,
die sie im Winter am Leben hält. Die Tiere fallen nämlich
in einen tiefen Winterschlaf. Die Körpertemperatur der Tiere
ist dann niedriger. Sie verbrauchen weniger Energie, sodass sie
nicht fressen müssen.

Die Winterruher

Andere Tiere fressen sich nur eine dünne Fettschicht an.
Deshalb brauchen sie zusätzlich Nahrung. Sie verschlafen nicht den
ganzen Winter, sondern ruhen viel. Da sich ihre Körpertemperatur
nicht verändert, sind sie auch bei Kälte genauso beweglich
und schnell. Wenn sie Hunger bekommen, wachen sie auf
und fressen von ihren Vorräten.

In der Winterstarre

Es gibt Tiere, deren Körpertemperatur sich an die Temperatur
draußen anpasst. Daher fallen sie in eine Winterstarre, wenn es
sehr kalt wird. Dafür suchen sie sich vorher ein Versteck, in dem
sie vor Frost geschützt sind. Dort liegen sie dann und bewegen
sich nicht. Erst wenn es wieder wärmer wird,
wachen sie aus der Winterstarre auf.

38

---

(1) Welche Überschrift passt zu welchem Absatz?
Schreibe die passende Überschrift darüber.

Die Winterruher	Winteraktive Tiere
Die Winterschläfer	In der Winterstarre

(2) Wie leben diese Tiere im Winter? Trage die Nummern passend ein.

winteraktiv	1	Winterschlaf	2
Winterruhe	3	Winterstarre	4

Die Körpertemperatur von Fröschen
ist wie die Temperatur draußen
oder im Wasser. Wenn es sehr
kalt ist, können sie sich nicht
mehr bewegen. (4)

Füchse bekommen
ab Herbst ein dichteres,
wärmeres Fell. Sie
leben im Winter
genauso wie in den
anderen Jahreszeiten. (1)

Dachse liegen im Winter (3)
oft tagelang in ihrem Bau
und schlafen. Manchmal
wachen sie auf und suchen
sich Futter.

Igel fressen vor dem Winter (2)
mehr. Bevor es kalt wird, bauen
sie sich ein Nest. Dort schlafen sie,
bis es wieder wärmer wird.

Rehe leben versteckt (1)
im Wald und finden
dort ihre Nahrung. Im
Winter wird die Nahrung
knapp, dann suchen sie auf
Felder und Wiesen Gräser.

Fledermäuse (2)
suchen sich
im Winter Höhlen.
Dort hängen sie
von der Decke und schlafen
den ganzen Winter tief und fest.

39

Schlangensätze

1 Lies die Schlangensätze genau.
✏ Alles, was du machen musst, steht in dem Text.

Arbeite mit
Bleistift!

diesertextisteinbisschenseltsam.

erbestehtauslauterkleinenbuchstaben.
außerdemfehlendiesatzzeichen.

liesihnbittegründlichdurch.dulernsthier,
genauundkonzentriertzulesen.

deineaufgabeistes,dieeinzelnenwörter
durchsenkrechtebleistiftstrichezu
trennen.

machenachjedemsatzeinendickenpunkt.
wennduachtpunktegemachthast,hastdu
allesätzegefunden.

13 Arten, Sport zu machen

1 Hier sind waagerecht → und senkrecht ↓
✂ 13 Sportarten versteckt.
Kreise sie ein.

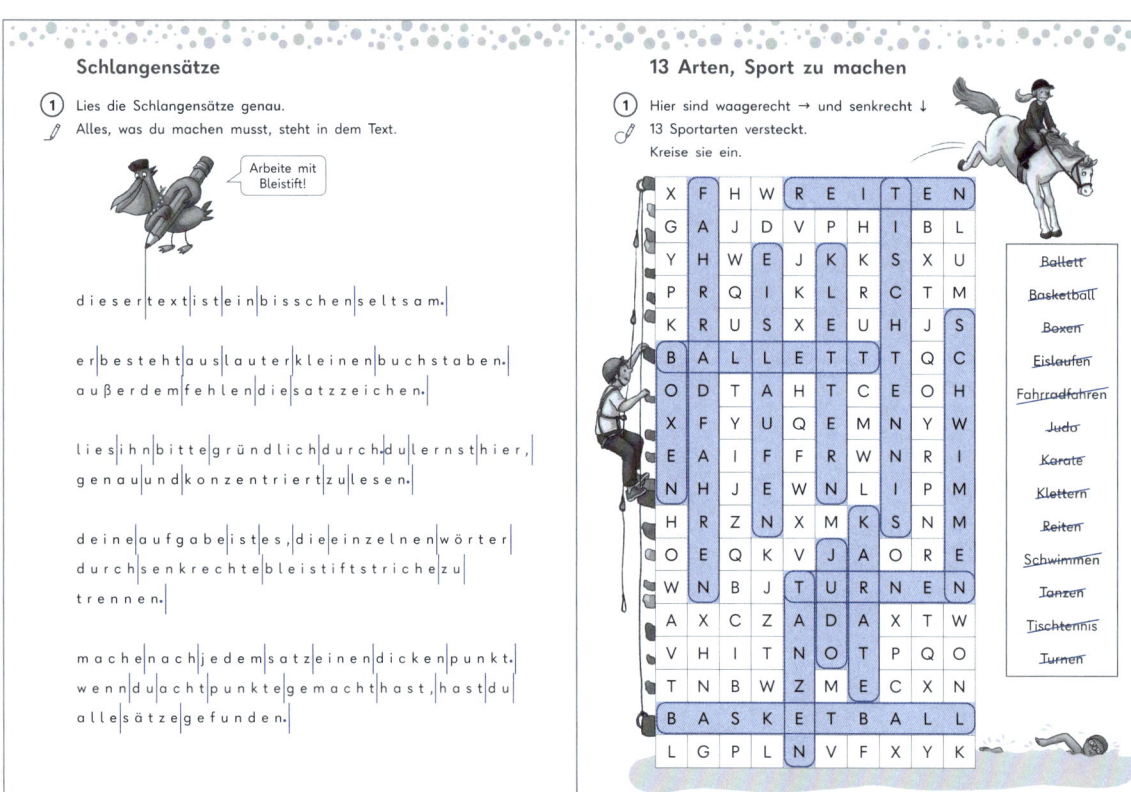

X	F	H	W	R	E	I	T	E	N
G	A	J	D	V	P	H	I	B	L
Y	H	W	E	J	K	K	S	X	U
P	R	Q	I	K	L	R	C	T	M
K	R	U	S	X	E	U	H	J	S
B	A	L	L	E	T	T	T	Q	C
O	D	T	A	H	T	C	E	O	H
X	F	Y	U	Q	E	M	N	Y	W
E	A	I	F	F	R	W	N	R	I
N	H	J	E	W	N	L	I	P	M
H	R	Z	N	X	M	K	S	N	M
O	E	Q	K	V	J	A	O	R	E
W	N	B	J	T	U	R	N	E	N
A	X	C	Z	A	D	A	X	T	W
V	H	I	T	N	O	T	P	Q	O
T	N	B	W	Z	M	E	C	X	N
B	A	S	K	E	T	B	A	L	L
L	G	P	L	N	V	F	X	Y	K

Ballett
Basketball
Boxen
Eislaufen
Fahrradfahren
Judo
Karate
Klettern
Reiten
Schwimmen
Tanzen
Tischtennis
Turnen

Leckere Hasenohren

Heute feiert Emma mit ihrer Klasse ein Fest. Alle Kinder haben
dazu leckere Speisen mitgebracht! Paul hat mit seinem Onkel
Pizza gebacken. Tobias hat Butterbrezeln vorbereitet.
Sara hat Obstspieße aus verschiedenen Früchten gesteckt.
5 Emma weiß gar nicht, was sie zuerst nehmen soll.

„Probier mal unsere Baklava!", ruft Emmas Freundin Nuri fröhlich.
Sie hält ihr eine kleine quadratische Schnitte vor den Mund.
Zerhackte grüne Pistazien liegen auf der Schnitte.
„Was ist das?", fragt Emma. Nuri antwortet:
10 „Das ist Baklava. Meine Oma macht die ganz oft."

Neugierig schiebt Emma die Schnitte in den Mund.
Sie schmeckt nach Honig und Nüssen. Emma ist begeistert:
„Das ist ja genauso gut wie die Hasenohren, die ich
mitgebracht habe! Die musst du auch probieren!"

15 Nuri rümpft die Nase. Hasenohren? Igitt! Muss sie
jetzt wirklich Hasenohren essen?
„Augen zu, Mund auf!", befiehlt Emma in strengem Ton.
Und ehe Nuri nein sagen kann, hat sie auch schon Hasenohren
zwischen den Zähnen! Aber die schmecken zu ihrer großen
20 Verwunderung süß, fast so süß wie Baklava. Emma zeigt ihr
das Gebäck, das geformt ist wie Hasenohren.
„Und ich dachte schon, ich muss
echte Hasenohren essen!", ruft Nuri.
Jetzt müssen beide lauthals lachen.

1 Wie heißt das Gebäck? Schreibe unter das Bild.
✏

Baklava   Hasenohren

2 Was haben diese Kinder mitgebracht? Schreibe auf.
✏

Sara: Obstspieße

Tobias: Butterbrezeln

Paul: Pizza

Das möchte
ich alles
probieren!

3 Wonach schmeckt Baklava?
✏ Es schmeckt nach

Honig und Nüssen

4 Warum müssen Nuri und Emma am Ende lachen?
✗✏ ☐ Weil sie sich über das Klassenfest freuen.
✗ Weil Nuri dachte, dass sie echte Hasenohren essen muss.
☐ Weil Nuri Emmas Gebäck nicht mag.

5 Wie oft kommt das Wort „Hasenohren" auf Seite 42 vor? 7 -mal
✏

APP Video: Sachfilm

Hausaufgabenhilfe

Anna saß auf der Terrasse vor einem leeren Blatt und dachte nach.
Heute hatten sie in der Schule etwas über Katzen gelernt.
Und nun sollte Anna als Hausaufgabe die Spuren einer Katze
zeichnen. Wie war das nochmal? Sah man bei der Katze
5 drei oder vier Zehen, wenn sie durch den Schnee lief?
Am besten sie schaute noch einmal in ihrem Heft nach.
Da hatte sie es aufgeschrieben.

Sie war eben aufgestanden, um das Heft zu holen,
als ein Windstoß kam. Er wirbelte ihr Blatt hoch in die Luft
10 auf die Hofeinfahrt von Herrn Malik, dem Nachbarn.
„Oh nein!", rief Anna.

Wenig später stand sie auf Herrn Maliks Hof und wollte
das Papier aufheben. Da trabte der Kater Karlo heran.
„Wo hast du dich denn herumgetrieben, Karlo?
15 Deine Pfoten sind ja ganz schmutzig!",
sagte Herr Malik zu seinem Kater
und lachte. Noch ehe Anna ihr Blatt
nehmen konnte, flitzte Karlo
mit seinen Schlammpfoten darüber.
20 „Oje!", rief Anna. Doch dann
hob sie das Blatt auf und ein
breites Grinsen überzog ihr Gesicht.
„Danke Karlo!", sagte Anna und streichelte den Kater.
Erstaunt fragte Herr Malik: „Wofür bedankst du dich?"
25 Anna antwortete: „Dafür, dass er eben meine Hausaufgaben
gemacht hat!"

44

---

(1) Was ist Annas Hausaufgabe?

Anna soll Katzenspuren zeichnen.

(2) Wohin fliegt Annas Blatt?

auf die Hofeinfahrt
von Herrn Malik

(3) Wie heißt Herrn Maliks Kater?

Karlo

(4) Warum hat der Kater Annas Hausaufgaben erledigt? Kreuze an.

☐ Anna konnte seine Pfoten abzeichnen.

☒ Seine Pfoten haben Spuren auf dem Blatt hinterlassen.

☐ Herr Malik zeichnete die Pfoten des Katers auf.

(5) Umkreise die Katzenspur.

45

Ferienlager

Bente war das erste Mal in einem Ferienlager. Jeden Tag gab es
ein anderes Programm. Bente hat Tagebuch geschrieben.

(1) Ergänze die richtigen Wochentage.

Montag	Dienstag	Mittwoch	Donnerstag	Freitag
Ankunft	Schnitzeljagd	Naturkunst	Flusswanderung	Lagerfeuer

Freitag
Zuerst haben wir trockenes Holz gesucht und aufgeschichtet. Dann hat uns unsere Betreuerin gezeigt, wie man ohne Streichhölzer Feuer macht. Es gab auch Stockbrot!

Dienstag
Wir haben uns fast im Wald verirrt, so schwierig war der ausgelegte Weg. Am Ende gab es einen Preis für die schnellste Gruppe.

Montag
Wir sind alle in unsere Zelte und haben erstmal ausgepackt. Danach gab es eine Führung über das Gelände, jetzt kenne ich mich schon richtig gut aus.

Mittwoch
Heute habe ich Mandalas aus Blättern gelegt. Andere haben Steinfiguren gebaut und aus Ästen Traumfänger gebastelt. Zum Schluss haben wir eine große Ausstellung gemacht.

Donnerstag
Wir waren den ganzen Tag unterwegs. Bei einer Badepause konnten wir Frösche und andere Wassertiere beobachten.

46

Stars-Check: Geschichten

Herr Grantig hatte immer etwas zu meckern. Wenn meine Stiefel
vor der Wohnungstür standen, weil sie nass waren, meckerte er.
Wenn der Kinderwagen von Familie Frisch auf dem Flur stand,
meckerte er. Sogar wenn es nach dem leckeren Kuchen von
5 Opa Krümel duftete, schimpfte er: „Es stinkt hier nach Zimt!"
Aber Opa Krümel backte ihm trotzdem einen Kuchen zu seinem
Geburtstag. Er bat mich: „Bring ihn Herrn Grantig, Jamal,
und du wirst ein Wunder erleben!" Ich brachte also den Kuchen
vom 4. Stock in das Erdgeschoss und klingelte bei Herrn Grantig.
10 Mit mürrischem Gesicht öffnete er, blickte auf den Kuchen und
las laut, was darauf in Zuckerschrift stand: „Ganz ohne Zimt!
Alles Gute zum Geburtstag!" Da musste Herr Grantig
lauthals lachen. Opa Krümel war ein schlauer Fuchs:
Ich hatte wirklich ein Wunder erlebt!

(1) Welche Zutat war nicht im Geburtstagskuchen?

Zimt

(2) Wie heißt das Kind, das die Geschichte erzählt?

Jamal

(3) Auf welchem Stockwerk wohnte Opa Krümel? _4._

(4) Warum geschah in der Geschichte ein Wunder?

☐ Weil Herr Krümel Kuchen backen konnte.

☒ Weil Herr Grantig lachte, obwohl er sonst immer meckerte.

☐ Weil Herr Grantig gerne über andere schimpfte.

APP Check

47

Kirans Stundenplan

Zeit	MO	DI	MI	DO	FR
8.00 – 8.45	Mathematik	Musik	–	Deutsch	Sport
8.45 – 9.30	Deutsch	Ethik	Ethik	Mathematik	Sport
9.45 – 10.30	Sachunterricht	Mathematik	Deutsch	Mathematik	Deutsch
10.30 – 11.15	Sport	Deutsch	Musik	Englisch	Deutsch
11.30 – 12.15	Kunst	Sachunterricht	–	Werken	Mathematik
12.15 – 13.00	–	–	–	Werken	AG Chor

1 Verbinde den Tag und die passende Abkürzung.

Montag	Dienstag	Mittwoch	Donnerstag	Freitag

MI	MO	DI	FR	DO

2 Welches Fach hat Kiran am Freitag in der 2. Stunde?

Sport

3 Welches Fach kommt am Montag nach Sport?

Kunst

4 An welchem Tag findet der wenigste Unterricht statt?

Mittwoch

5 Um wie viel Uhr beginnt die Arbeitsgemeinschaft Chor?

12.15 Uhr

48

Richtig betont

1 Welches Wort musst du beim Antworten betonen?
Unterstreiche es.

Sprich die Antworten laut.
Probiere aus, welches
Wort du betonen musst.

Beispiel:
„Möchtest du Erdbeeren?" –
„Nein, ich möchte Himbeeren."

„Habt ihr das Fußballspiel gewonnen?"
„Nein, wir haben das Spiel verloren."

„Warst du mit dem Hund Gassi?"
„Nein, Anna war mit dem Hund draußen."

„Ist das der neue Tennisschläger, der kaputt in der Ecke liegt?"
„Nein, das ist der alte Schläger."

„Hast du heute Klavierunterricht?"
„Nein, ich habe morgen Klavierunterricht."

„Die andere Klasse hatte wohl heute eher aus?"
„Nein, unsere Klasse hatte heute eher aus."

„Hast du gelernt?"
„Nein, ich habe gespielt."

„Hast du die Fernbedienung verlegt?"
„Nein, ich habe die Fernbedienung nicht gehabt."

49

Vorsicht, keine Schlange!

Bist du schon einmal einer
Blindschleiche begegnet?
Sie sieht aus wie eine Schlange.
Viele Menschen erschrecken,
5 wenn sie das Tier sehen.

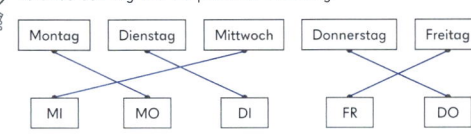

Doch die Blindschleiche ist keine Schlange und völlig ungefährlich.
Wenn du nicht gerade ein Regenwurm oder eine Nacktschnecke bist,
lässt sie dich in Ruhe. Und sie ist froh, wenn du ihr nichts tust!

Das Tier wird etwa einen halben Meter lang und ist nicht blind,
10 auch wenn es Blindschleiche heißt. Das Wort „blind" stammt
vermutlich von einem alten deutschen Wort, das heute niemand
mehr verwendet. Dieses Wort hieß „plint" und bedeutete „blenden".
Wenn das Tier in der Sonne liegt, glänzen nämlich seine Schuppen
silbrig-grau und können dich blenden.

15 Vieles ist bei Schlange und Blindschleiche ähnlich. Beide haben
keine Beine und riechen mit ihrer Zunge. Im Gegensatz zur Schlange
hat die Blindschleiche aber bewegliche Augenlider.

Interessant ist, wie die Blindschleiche ihre Feinde abwehrt:
Kommen ihr Igel, größere Vögel oder Schlangen zu nahe,
20 wirft sie ihren Schwanz ab. Dieser bewegt sich noch ein bisschen,
sodass die Angreifer darauf Jagd machen. Das ist die Gelegenheit
für die Blindschleiche, um zu entkommen. Das abgeworfene
Hinterteil wächst aber leider nicht nach.

Solltest du einer Blindschleiche begegnen, halte dich ganz still!
25 So kannst du das wundervolle Tier vielleicht ein bisschen
beobachten.

50

APP Audio: zuhören
Audio: mitlesen

---

1 Schreibe einen Steckbrief.

Name des Tieres: Blindschleiche

Bedeutung des Wortes „plint": blenden

Farbe: silbrig-grau

Länge: etwa ein halber Meter

Gemeinsamkeiten mit der Schlange: keine Beine,
riecht mit der Zunge

Unterschied zur Schlange: bewegliche
Augenlider

Feinde: Igel, größere Vögel,
Schlangen

Nahrung: Regenwürmer,
Nacktschnecken

Schutz vor Feinden: wirft ihren Schwanz ab

51

Was ist (es)?

1 (Es) blubbert, plätschert, rinnt und <u>fließt</u>,

2 (es) sprudelt, tröpfelt, rauscht und <u>schießt</u>.

3 Seine Kraft kann Mühlräder <u>drehen</u>.

4 Oft ist (es) auch ganz ruhig zu <u>sehen</u>.

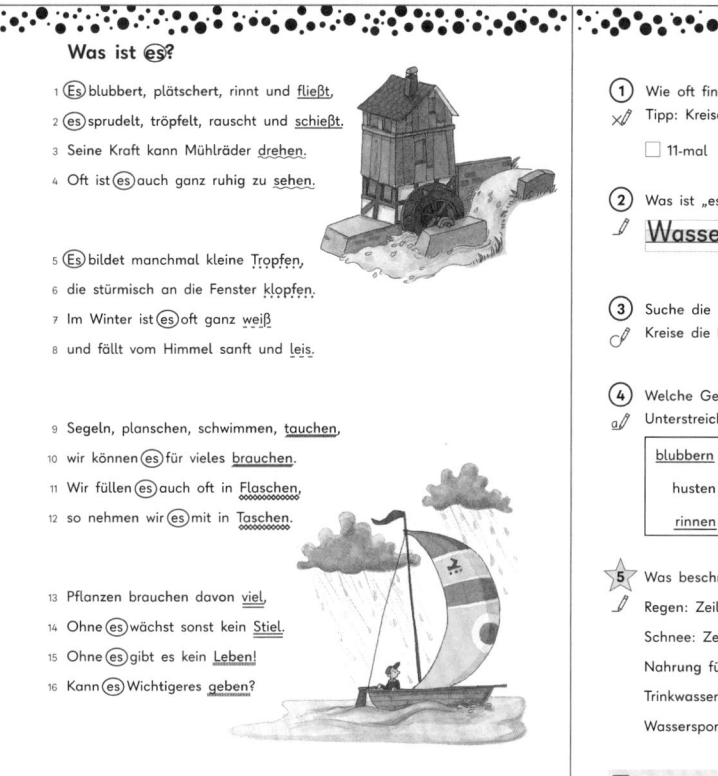

5 (Es) bildet manchmal kleine <u>Tropfen</u>,

6 die stürmisch an die Fenster <u>klopfen</u>.

7 Im Winter ist (es) oft ganz <u>weiß</u>

8 und fällt vom Himmel sanft und <u>leis</u>.

9 Segeln, planschen, schwimmen, <u>tauchen</u>,

10 wir können (es) für vieles <u>brauchen</u>.

11 Wir füllen (es) auch oft in <u>Flaschen</u>,

12 so nehmen wir (es) mit in <u>Taschen</u>.

13 Pflanzen brauchen davon <u>viel</u>,

14 Ohne (es) wächst sonst kein <u>Stiel</u>.

15 Ohne (es) gibt es kein <u>Leben</u>!

16 Kann (es) Wichtigeres <u>geben</u>?

52

---

① Wie oft findest du „es" oder „Es" im Text? Kreuze an.
Tipp: Kreise alle „es" und „Es" ein.

☐ 11-mal ☒ 12-mal ☐ 13-mal

Denk auch an die Überschrift!

② Was ist „es"? Schreibe auf.

Wasser

Das ist ein Reimpaar.

③ Suche die Reimwörter am Ende der Zeilen.
Kreise die Reimpaare in der gleichen Farbe ein.

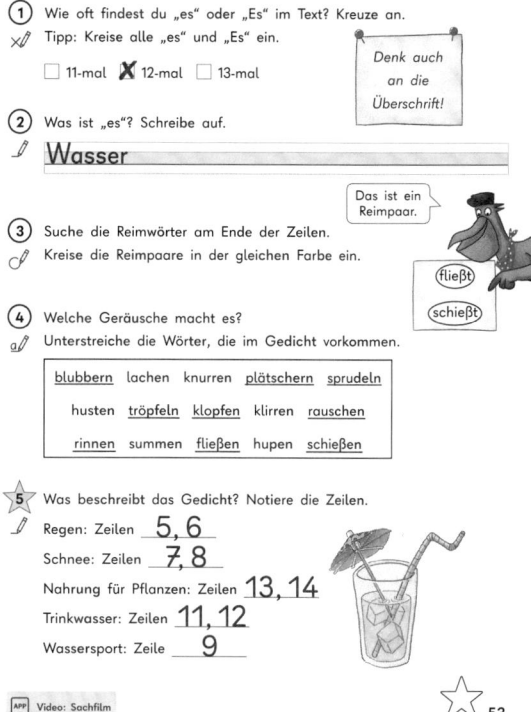

fließt
schießt

④ Welche Geräusche macht es?
Unterstreiche die Wörter, die im Gedicht vorkommen.

<u>blubbern</u>	lachen	knurren	<u>plätschern</u> <u>sprudeln</u>
husten	<u>tröpfeln</u>	<u>klopfen</u>	klirren <u>rauschen</u>
<u>rinnen</u>	summen	<u>fließen</u>	hupen <u>schießen</u>

⑤ Was beschreibt das Gedicht? Notiere die Zeilen.

Regen: Zeilen 5, 6

Schnee: Zeilen 7, 8

Nahrung für Pflanzen: Zeilen 13, 14

Trinkwasser: Zeilen 11, 12

Wassersport: Zeile 9

APP Video: Sachfilm

⭐ 53

Wörterspaß

Als Laura bei Samara übernachtet, denkt sich Samara
ein neues Spiel aus:
„Das ist keine Bettdecke, das ist eine Pfanne!"
Laura macht kichernd mit.
5 „Und das da oben ist keine Lampe, sondern eine Mütze."
Die beiden Freundinnen erfinden weiter:
„Die Bücher im Regal sind in Wirklichkeit Salatblätter."
„Brot heißt Sofa und Käse ist eigentlich Teppich."
„Genau, und die Küche ist die Geisterbahn."
10 „Ja, und das Zähneputzen heißt Fernsehgucken."
Laura und Samara kringeln sich vor Lachen.
Da sagt Samara ganz ernst:
„Von dem ganzen Herumgeblödel habe ich richtig Hunger
bekommen. Komm, wir gehen in die Geisterbahn und essen
15 ein Sofa mit Teppich. Und danach ist Zeit zum Fernsehgucken."
„Einverstanden", sagt Laura. „Anschließend schlüpfen wir
unter unsere Pfannen und lesen noch ein bisschen in den
Salatblättern. Und du machst vor dem Schlafen die Mütze aus."

① Was meinen die Mädchen wirklich? Ergänze.

Sie gehen in die Küche und essen

ein Brot mit Käse.

Danach ist Zeit zum Zähneputzen.

Anschließend schlüpfen sie unter ihre Bettdecken

und lesen noch ein bisschen in den Büchern

Samara macht vor dem Schlafen die Lampe aus.

54

Der Dachs

Körper:	mit Schwanz über einen Meter lang, bis 30 Zentimeter groß (Schulterhöhe)
Merkmal:	schwarz-weiße Streifen am Kopf
Lebensdauer:	etwa 14 Jahre
Nahrung:	Allesfresser: zum Beispiel Wurzeln, Beeren und Pilze, aber auch Regenwürmer, Insekten, Wühlmäuse und Igel
Feinde:	Adler, Bären, Eulen, Luchse und Wölfe
Lebensraum:	Höhlen und Gänge unter der Erde, meist im Wald
Lebensweise:	in Gruppen

① In den Sätzen sind 4 Fehler. Streiche durch, was falsch ist.

Der Dachs ist mit Schwanz über einen Meter lang.
Er wird von den Pfoten bis zur Schulter gemessen
bis zu ~~zwanzig~~ Zentimeter groß. Am Kopf hat er ~~Punkte~~.
Der Dachs frisst ~~nur Fleisch~~. Eulen sind Feinde,
die ihn jagen. Der Dachs baut sich unter der Erde
Gänge und Höhlen. Dort lebt er ~~allein~~.

55

Rübenziehen

Es war einmal ein Großvater, der hatte eine Rübe gepflanzt.
Die Rübe war prächtig und groß geworden. Als der Großvater
sie herausziehen wollte, saß sie so fest in der Erde, dass
es nicht gelang.

5 Da rief der Großvater die Großmutter und sie zogen und zogen.
Aber die Rübe steckte fest in der Erde.

Da rief die Großmutter den Enkel und alle drei zogen und zogen.
Aber die Rübe steckte fest in der Erde.

Da rief der Enkel den Hund und sie zogen und zogen.
10 Aber die Rübe steckte fest in der Erde.

Da rief der Hund die Katze. Doch es nützte nichts, so sehr
alle fünf auch ziehen mochten. Die Rübe steckte fest in der Erde.

Da rief die Katze das Mäuschen. So zog das Mäuschen die Katze,
die Katze den Hund, der Hund den Enkel, der Enkel die Großmutter,
15 die Großmutter den Großvater und der Großvater zog an der Rübe
und schwupps – purzelten alle auf den Hintern!
Da hatten sie die Rübe herausgezogen!

56

---

1 Wer zieht an wem? Nummeriere der Reihe nach.

⑤ ③ ① ② ⑥ ④

2 Welcher Satz stimmt? Kreuze an.

☒ Alle gemeinsam haben die Rübe herausgezogen.

☐ Die Maus hat die Rübe herausgezogen.

☐ Der Großvater hat die Rübe rausgezogen.

3 Hier haben sich Wörter aus anderen Märchen eingeschlichen!
Unterstreiche sie.

> Da rief die <u>Hexe</u> das <u>Mäuschen</u>. So zog das Mäuschen
> die Katze, die Katze den Hund, der Hund den Enkel,
> der Enkel die <u>Zwerge</u>, der <u>böse Wolf</u> den Großvater
> und der Großvater zog an der großen <u>Standuhr</u> und
> schwupps – purzelten alle aus dem <u>Knusperhäuschen</u>!
> Da hatten sie den <u>vergifteten Apfel</u> herausgezogen!

4 Zu welchen Märchen gehören die Wörter aus Aufgabe 3?
Schreibe sie zu den Märchen.

Der Wolf und die sieben Geißlein **böser Wolf, Standuhr**

Hänsel und Gretel **Hexe, Knusperhäuschen**

Schneewittchen **Zwerge, vergifteter Apfel**

57

Verdrehter Tag

Eines Abends fragte Jarno seine Mama:
„Was mache ich eigentlich morgen?"
Sie antwortete: „Das, was du immer tust. Du stehst auf,
ziehst dich an und frühstückst. Dann gehst du zur Schule,
5 isst zu Mittag und spielst. Nach dem Abendessen darfst du ein
bisschen fernsehen. Dann gehst du ins Bad und danach ins Bett."
„Wie langweilig", sagte Jarno, „lass uns doch morgen einmal
alles anders machen!" Seine Mutter willigte ein: „Also gut!"

Am nächsten Tag <u>sah Jarno gleich nach dem Aufstehen ein</u>
10 <u>bisschen fern.</u> Danach gab es um sieben Uhr morgens <u>Mittagessen:</u>
Nudeln mit Salat. Anschließend <u>spielte Jarno mit seinen Autos.</u>

Der Lehrer rief an, wo er denn bleibe. Da sagte Jarno, dass er
schon noch <u>zur Schule gehen</u> würde. Das tat er auch nach
dem Abendessen um zwölf Uhr mittags. Als Jarno im Schlafanzug
15 in die Schule ging, liefen die anderen Kinder gerade nach Hause.
So saß Jarno den ganzen Nachmittag allein im Klassenzimmer.
<u>Also putzte er sich dort erst mal die Zähne.</u> Dann war er Lehrer
und Schüler gleichzeitig – das war ganz schön schwierig!
<u>Nachdem er abends wieder zu Hause war, frühstückte er.</u>
20 <u>Schließlich zog er sich Unterwäsche, Hose, Pulli, Socken und</u>
<u>Schuhe an und legte sich so ins Bett.</u>

Als die Mutter abends an sein Bett kam, meinte er: „Ich glaube,
morgen mache ich doch wieder alles ganz normal!"

58

---

1 Was macht Jarno an dem verdrehten Tag?
Nummeriere der Reihe nach.

1 aufstehen

9 anziehen

8 frühstücken

6 in die Schule gehen

3 zu Mittag essen

4 spielen

5 zu Abend essen

2 fernsehen

7 Zähne putzen

10 ins Bett gehen

> Unterstreiche zuerst
> im Text, was Jarno am
> verdrehten Tag macht.

2 Was möchte Jarno am Ende des verdrehten Tages?
Kreuze an.

☐ Er möchte noch mal einen verdrehten Tag erleben.

☒ Er findet den normalen Tagesablauf besser.

3 Welche Überschrift passt auch zur Geschichte? Kreise ein.

Mamas Arbeitstag   (Ein verrückter Tag)   Mama und Jarno

4 Wie ist Jarnos Mutter? Kreuze an.

☐ ärgerlich   ☒ verständnisvoll   ☐ streng

59

Haustiere

In der Klasse 2 a sprechen die Kinder über Haustiere.
Drei Jungen und zwei Mädchen halten je einen Hund.
Sofia, Max und Elias haben jeweils einen Hamster.
Fünf weitere Kinder haben je eine Katze.
Zwei Kinder halten jeweils zwei Vögel als Haustiere.
Von den Zwillingen Lena und Hanna besitzt jede einen Hasen.
Zwei Kinder besitzen zusammen sechs Meerschweinchen.
Fünf Kinder haben kein Haustier.

1 Beantworte die Fragen. Schreibe auf.

Wie viele Kinder haben ein Haustier? __19__ Kinder

Wie viele Kinder haben kein Haustier? __5__ Kinder

Wie viele Kinder haben einen Hund? __5__ Kinder

Wie viele Kinder haben einen Hasen? __2__ Kinder

Wie viele Vögel gibt es in der Klasse? __4__ Kinder

Wie viele Kinder sind in der Klasse 2 a? __24__ Kinder

2 Erstelle ein Schaubild.

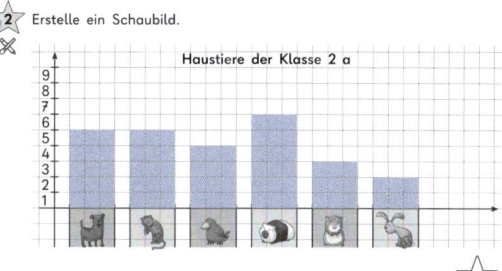

Haustiere der Klasse 2 a

Turmunglück

1 Lies den Text und ergänze den Satz.

Male die Bausteine richtig ins Bild.

Finn hat einen Turm aus Bausteinen gebaut. Er hat 5 gelbe,
6 rote, 5 blaue, 6 schwarze und 8 grüne Steine verbaut.
„Fertig!", ruft er voller Freude. In diesem Moment stürmt
Hund Hugo herein und purzelt in den Turm. Die Steine
fliegen in alle Richtungen:
3 rote Steine knallen aufs Fensterbrett. 2 blaue und
2 grüne Steine segeln auf die Kommode. 2 gelbe und
2 schwarze Steine landen in der Obstschale.
4 grüne Steine plumpsen daneben auf den Tisch.
Die restlichen Steine liegen auf dem Teppich verteilt.

Der Turm bestand aus __30__ Steinen. Jetzt liegen __3__ gelbe,
__3__ rote, __3__ blaue, __4__ schwarze und __4__ grüne Steine
auf dem Teppich.

☐ gelb ⊡ rot ◩ blau ■ schwarz ▨ grün

Der Geist aus der Kanne

Vor langer Zeit, da lebte in einem kleinen Dorf im fernen Orient
ein Mädchen. Es hieß Amira. Die Kinder im Dorf spielten
am Fuß des großen Berges Verstecken und machten jeden Tag
einen Wettlauf zum Brunnen. Amira war jedoch am liebsten
5 mit ihrer besten Freundin Gadi zusammen. Die beiden fädelten
Perlen zu Ketten auf, machten aus bunter Wolle Armbänder und
dachten sich immer neue Tänze aus. Eines Tages zog Gadi fort,
in ein Dorf auf der anderen Seite des Berges.
„Ach, hätte ich doch nur einen fliegenden Teppich!", wünschte sich
10 Amira sehnlich. „Dann könnte ich Gadi immer besuchen."

Als Amira wieder einmal vom Wasserholen zurückkam, staunte sie.
Eine tiefe Stimme rief: „Alles zum halben Preis!" Da stand aber
nur ein Kamel, voll beladen mit Töpfen, Krügen und Pfannen.
„Ein sprechendes Kamel!", flüsterte Amira verwundert.
15 Doch dann schaute hinter einem Berg von Töpfen das Gesicht
des Händlers hervor. Langsam schaukelte das Kamel davon,
als etwas klappernd zu Boden fiel. Der Händler
trieb das Tier gleichgültig weiter.
Flink bückte sich Amira und hob
20 eine alte Kanne auf. Die hatte einen
dicken Bauch und war voller Staub.
Amira pustete ihn fort.
Da stieg eine gelbe Wolke aus der Kanne empor!
„Du hast mich gerufen?", sagte der große gelbe Wolkenkopf.
25 Amira riss die Augen auf und starrte die Wolke an.
„Wer pustet, der ruft mich", sprach der Wolkenkopf weiter.
„Ich bin ein Flaschengeist und werde dir deinen größten Wunsch
erfüllen!" Und bevor Amira etwas sagen konnte,
schwebte ein bunter Teppich herbei.

---

1 Was gibt es nur im Märchen? Kreise den Buchstaben ein.

Schreibe das Lösungswort unten in den Satz.

fliegende Teppiche ⬡ D

kleine Dörfer L

alte Kannen E

sprechende Tiere ⬡ SCH

durch Pusten Geister rufen ⬡ I

laute Geräusche P

Kinder mit Wünschen Z

sprechende Wolken ⬡ N

Flaschengeister ⬡ N

Ein Flaschengeist ist ein D SCH I N N.

2 Ergänze die Sätze.

Was ist Amiras größter Wunsch?

Sie wünscht sich __einen fliegenden Teppich__.

Warum wünscht sie sich das?

Amira will __ihre Freundin besuchen__

Gold für den Igel

„Du meine Grütze!", rief Grunzi Grob, „Was ist denn das?"
Spitzi Stachelus, der Igel, hatte einen Goldklumpen gefunden
und hielt ihn stolz in den Pfoten. Er schmunzelte, weil das Schwein
immer „Du meine Grütze!" statt „Du meine Güte!" sagte.
5 „Holterdipolter!", muhte Stieri Stur. Er rief laut: „Echtes Gold!"
„Nein so was, nein so was, nein so was", wieherte Nasi Nüster,
„So was hab ich noch nie gesehen!"
„Abrakadabra!", meinte Susi Schnurr. Die Katze sprach immer
einen Zauberspruch, ehe sie etwas sagte. „So einen Goldklumpen
10 hätte ich auch gerne."
Der Bär Bodo Blutwurst schüttelte sich und rief dabei wie immer:
„Brr, brr!" Dann meinte er: „Gold macht auch nicht glücklich!"
Gregor Gänserich flatterte mit seinen weißen Flügeln.
Bestimmt sagte er gleich wieder „Ja, aber". Doch nein,
15 er blieb still und bewunderte nur den goldenen Stein.
Mia Mu hingegen piepste dreimal und fragte dann:
„Darf ich ihn mal beschnuppern?"
Spitzi Stachelus ließ die Maus schnuppern.
„Und riecht es und ist es schön und gefällt es dir und darf ich
20 auch schnuppern?", fragte der Hund Wauwi aufgeregt.
Er durfte schnuppern, aber der Stein roch nach nichts.
Der Igel setzte sich auf einen Felsen. Dann betrachtete er
lange seinen Goldklumpen. Er hatte ihn im Fluss gefunden.
Welch ein Glück!

64 APP Audio: zuhören

---

1 Wie heißen die Tiere? Verbinde.

Igel	Grunzi Grob
Schwein	Spitzi Stachelus
Maus	Susi Schnurr
Bär	Mia Mu
Katze	Bodo Blutwurst

2 Welches Tier spricht immer Zaubersprüche?

Die Katze Susi Schnurr.

3 Als der Igel nach Hause geht, hört er Stimmen hinter einer Mauer.
Wer spricht hier? Schreibe in die Sprechblasen.

Achte auf die fettgedruckten Wörter!

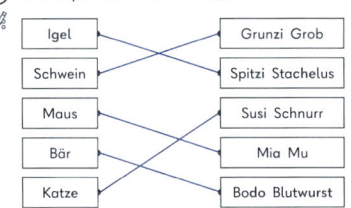

Hokuspokus, wir stehlen dem Igel seinen Goldklumpen!
Susi Schnurr

Pieps, pieps, pieps, sollen wir das wirklich machen?
Mia Mu

Du meine Grütze, nein! Du willst auch nicht, dass dir etwas gestohlen wird!
Grunzi Grob

65

Durch ein Blatt Papier steigen

1 Wetten, dass du durch ein Blatt Papier steigen kannst?
Nummeriere die Anleitung in der richtigen Reihenfolge!

1. 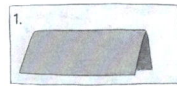 — **2** Schneide etwa einen Zentimeter von den Blatträndern entfernt an beiden Seiten von der Knickkante bis fast zur anderen Seite ein.

2. 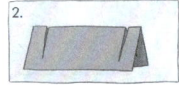 — **4** Schneide abwechselnd von unten und oben bis knapp vor das Blattende ein. Achtung! Nicht durchschneiden!

3.  — **1** Falte das Blatt Papier der Länge nach.

4.  — **5** Ziehe das zerschnittene Blatt vorsichtig auseinander.

5. 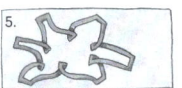 — **6** Jetzt kannst du durch den Papierring steigen.

6.  — **3** Schneide nun die Knickkante zwischen den beiden Einschnitten auf.

66 APP Video: Sachfilm

Stars-Check: Märchen

1 In welchem Märchen passiert das? Verbinde.

Tiere machen sich zusammen auf den Weg.	Rübenziehen
Ein Dschinn kommt aus einem Gefäß.	Der Geist aus der Kanne
Eine Familie zieht an einem riesigen Gemüse.	Die Stadtmusikanten

2 Wer macht was? Ergänze die Sätze.

| Frau Holle | Hans im Glück | Schneewittchen |

Schneewittchen vergiftet sich am Apfel.

Hans im Glück tauscht sein Gold.

Frau Holle sorgt dafür, dass es schneit.

3 Welche Aussagen über Märchen sind wahr? Kreuze an.

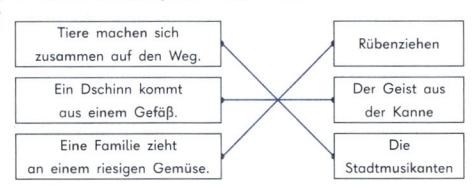
In Märchen können wir sprechen. ✗

Märchen sind immer wahr.

Märchen reimen sich immer.

In Märchen wird oft gezaubert. ✗

In vielen Märchen kommen wir vor. ✗

APP Check

67

1 Was wurde gestohlen?

✏️ Eine _____.

2 Wer sah sich was an? Verbinde Person und Schmuckstück.

✂️

junge Frau	silberner Ring
Mädchen	Edelsteinkette
Junge	Goldkette
altes Ehepaar	Silberkette
junger Mann	goldener Ring

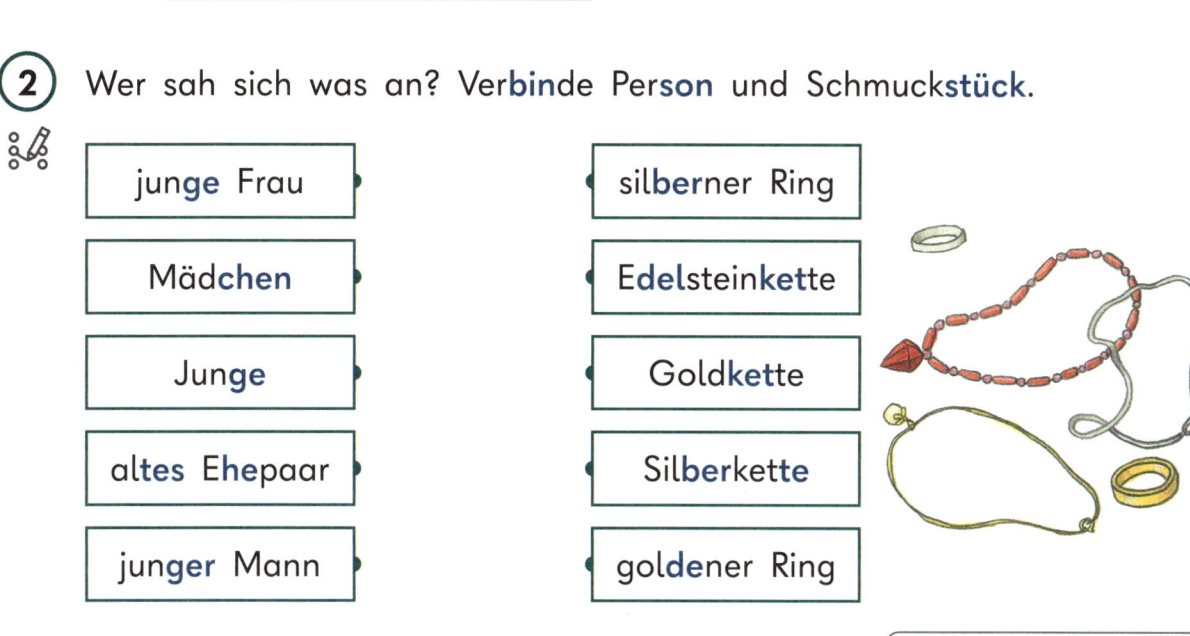

3 Wer hat gestohlen? Zeichne das Gesicht.

✗

GESUCHT

Suche die passende
Stelle im Text.
Unterstreiche
die Beschreibung.
Zeichne dann
das Gesicht.

4 Welche Person kommt **nicht** in der Geschichte vor? Kreuze an.

 ☐    ☐    ☐    ☐

⭐ 35

Was möchtest du werden?

Sami hatte vier Türme, Mauern dazwischen und ein großes Haus
für die Ritter in der Mitte gebaut. Jetzt war seine Sandburg fertig.
„He, Lina, schau mal!", rief er nach seiner Freundin, die im Meer
badete. Lina rannte zu ihm und war begeistert von seinem

5 Meisterwerk: „Das sieht ja toll aus!"
Stolz erklärte Sami: „Später möchte ich einmal richtige Burgen
bauen. Ich will ein Baumeister werden!" Dann fragte er Lina:
„Was willst du für einen Beruf haben, wenn du groß bist?"
„Ich möchte Rettungsschwimmerin werden. Da kann ich den ganzen

10 Tag am Strand sitzen und auf das Meer schauen!"
Nachdenklich meinte Sami: „Aber wenn jemand zu weit
hinausschwimmt, musst du ihm nachschwimmen und ihn retten!"
Er schwamm nicht besonders gern im Meer. Und eigentlich
wollte er auch nicht, dass Lina aufs Meer hinausschwamm.

15 Aber Lina lachte nur: „Ja klar, das ist ja das Tolle! Ich werde
eine Lebensretterin!"
Sami rieb sich die Nase. „Ich könnte ja Schiffe bauen anstatt
Burgen." Erstaunt fragte Lina: „Möchtest du denn lieber Schiffe
als Burgen bauen?"

20 „Na ja, Burgen braucht man ja eigentlich nicht mehr. Es gibt
keine Ritter mehr. Da ist es doch besser, wenn ich Schiffe baue.
Ich könnte Rettungsboote bauen. Damit kannst du dann die Leute
retten, die zu weit auf das Meer hinausschwimmen."
Lina lächelte. „Ja, das ist eine sehr gute Idee!"

1 Wie sieht Samis Burg aus? Zeichne.

2 Welche Berufe wollen die Kinder später haben?

Sami: _____

Lina: _____

3 Weshalb möchte Sami gerne Rettungsboote bauen?
Kreuze an.

☐ Er kann am besten Schiffe bauen.

☐ Er möchte damit Lina einen Gefallen tun.

☐ Er möchte damit aufs Meer hinausfahren.

4 Sami möchte am Ende doch keine Burgen bauen.
Welchen Grund nennt er dafür? Unterstreiche im Text.

Tiere im Winter

Tiere, die in der freien Natur leben, verbringen die kalte Jahreszeit unterschiedlich. Viele Tiere sind das ganze Jahr aktiv und brauchen regelmäßig Nahrung. Ein dickeres Fell schützt sie vor der Kälte.

Manche Tiere futtern sich im Herbst eine dicke Fettschicht an, die sie im Winter am Leben hält. Die Tiere fallen nämlich in einen tiefen Winterschlaf. Die Körpertemperatur der Tiere ist dann niedriger. Sie verbrauchen weniger Energie, sodass sie nicht fressen müssen.

Andere Tiere fressen sich nur eine dünne Fettschicht an. Deshalb brauchen sie zusätzlich Nahrung. Sie verschlafen nicht den ganzen Winter, sondern ruhen viel. Da sich ihre Körpertemperatur nicht verändert, sind sie auch bei Kälte genauso beweglich und schnell. Wenn sie Hunger bekommen, wachen sie auf und fressen von ihren Vorräten.

Es gibt Tiere, deren Körpertemperatur sich an die Temperatur draußen anpasst. Daher fallen sie in eine Winterstarre, wenn es sehr kalt wird. Dafür suchen sie sich vorher ein Versteck, in dem sie vor Frost geschützt sind. Dort liegen sie dann und bewegen sich nicht. Erst wenn es wieder wärmer wird, wachen sie aus der Winterstarre auf.

1 Welche Überschrift passt zu welchem Absatz?

Schreibe die passende Überschrift darüber.

Die Winterruher	Winteraktive Tiere
Die Winterschläfer	In der Winterstarre

2 Wie leben diese Tiere im Winter? Trage die Nummern passend ein.

winteraktiv	1	Winterschlaf	2
Winterruhe	3	Winterstarre	4

Die Körpertemperatur von Fröschen ist wie die Temperatur draußen oder im Wasser. Wenn es sehr kalt ist, können sie sich nicht mehr bewegen. ◯

Füchse bekommen ab Herbst ein dichteres, wärmeres Fell. Sie leben im Winter genauso wie in den anderen Jahreszeiten. ◯

Dachse liegen im Winter ◯ oft tagelang in ihrem Bau und schlafen. Manchmal wachen sie auf und suchen sich Futter.

Igel fressen vor dem Winter ◯ mehr. Bevor es kalt wird, bauen sie sich ein Nest. Dort schlafen sie, bis es wieder wärmer wird.

Rehe leben versteckt ◯ im Wald und finden dort ihre Nahrung. Im Winter wird die Nahrung knapp, dann suchen sie auf Felder und Wiesen Gräser.

Fledermäuse ◯ suchen sich im Winter Höhlen. Dort hängen sie von der Decke und schlafen den ganzen Winter tief und fest.

Schlangensätze

1 Lies die Schlangensätze genau.

Alles, was du machen musst, steht in dem Text.

Arbeite mit Bleistift!

d i e s e r t e x t i s t e i n b i s s c h e n s e l t s a m

e r b e s t e h t a u s l a u t e r k l e i n e n b u c h s t a b e n
a u ß e r d e m f e h l e n d i e s a t z z e i c h e n

l i e s i h n b i t t e g r ü n d l i c h d u r c h d u l e r n s t h i e r ,
g e n a u u n d k o n z e n t r i e r t z u l e s e n

d e i n e a u f g a b e i s t e s , d i e e i n z e l n e n w ö r t e r
d u r c h s e n k r e c h t e b l e i s t i f t s t r i c h e z u
t r e n n e n

m a c h e n a c h j e d e m s a t z e i n e n d i c k e n p u n k t
w e n n d u a c h t p u n k t e g e m a c h t h a s t , h a s t d u
a l l e s ä t z e g e f u n d e n

13 Arten, Sport zu machen

1 Hier sind waagerecht → und senkrecht ↓
13 Sportarten versteckt.
Kreise sie ein.

X	F	H	W	R	E	I	T	E	N
G	A	J	D	V	P	H	I	B	L
Y	H	W	E	J	K	K	S	X	U
P	R	Q	I	K	L	R	C	T	M
K	R	U	S	X	E	U	H	J	S
B	A	L	L	E	T	T	T	Q	C
O	D	T	A	H	T	C	E	O	H
X	F	Y	U	Q	E	M	N	Y	W
E	A	I	F	F	R	W	N	R	I
N	H	J	E	W	N	L	I	P	M
H	R	Z	N	X	M	K	S	N	M
O	E	Q	K	V	J	A	O	R	E
W	N	B	J	T	U	R	N	E	N
A	X	C	Z	A	D	A	X	T	W
V	H	I	T	N	O	T	P	Q	O
T	N	B	W	Z	M	E	C	X	N
B	A	S	K	E	T	B	A	L	L
L	G	P	L	N	V	F	X	Y	K

Ballett

Basketball

Boxen

Eislaufen

Fahrradfahren

Judo

Karate

Klettern

Reiten

Schwimmen

Tanzen

Tischtennis

Turnen

Leckere Hasenohren

Heute feiert Emma mit ihrer Klasse ein Fest. Alle Kinder haben dazu leckere Speisen mitgebracht! Paul hat mit seinem Onkel Pizza gebacken. Tobias hat Butterbrezeln vorbereitet.
Sara hat Obstspieße aus verschiedenen Früchten gesteckt.
5 Emma weiß gar nicht, was sie zuerst nehmen soll.

„Probier mal unsere Baklava!", ruft Emmas Freundin Nuri fröhlich.
Sie hält ihr eine kleine quadratische Schnitte vor den Mund.
Zerhackte grüne Pistazien liegen auf der Schnitte.
„Was ist das?", fragt Emma. Nuri antwortet:
10 „Das ist Baklava. Meine Oma macht die ganz oft."

Neugierig schiebt Emma die Schnitte in den Mund.
Sie schmeckt nach Honig und Nüssen. Emma ist begeistert:
„Das ist ja genauso gut wie die Hasenohren, die ich mitgebracht habe! Die musst du auch probieren!"

15 Nuri rümpft die Nase. Hasenohren? Igitt! Muss sie
jetzt wirklich Hasenohren essen?
„Augen zu, Mund auf!", befiehlt Emma in strengem Ton.
Und ehe Nuri nein sagen kann, hat sie auch schon Hasenohren zwischen den Zähnen! Aber die schmecken zu ihrer großen
20 Verwunderung süß, fast so süß wie Baklava. Emma zeigt ihr das Gebäck, das geformt ist wie Hasenohren.
„Und ich dachte schon, ich muss echte Hasenohren essen!", ruft Nuri.
Jetzt müssen beide lauthals lachen.

1 Wie heißt das Ge**bäck**? Schrei**be** un**ter** das Bild.

2 Was ha**ben** die**se** Kin**der** mit**ge**bracht? Schrei**be** auf.

Sara: _____

Tobias: _____

Paul: _____

Das möchte ich alles probieren!

3 Wo**nach** schmeckt Ba**kl**ava?

Es schmeckt nach

_____.

4 Wa**rum** müs**sen** Nuri und Emma am En**de** la**chen**?

☐ Weil sie sich ü**ber** das Klas**sen**fest freu**en**.

☐ Weil Nuri dach**te**, dass sie ech**te** Hasenohren es**sen** muss.

☐ Weil Nuri Em**mas** Ge**bäck** nicht mag.

5 Wie oft kommt das Wort „Hasenohren" auf Sei**te** 42 vor? _____-mal

Hausaufgabenhilfe

Anna saß auf der Terrasse vor einem leeren Blatt und dachte nach.
Heute hatten sie in der Schule etwas über Katzen gelernt.
Und nun sollte Anna als Hausaufgabe die Spuren einer Katze
zeichnen. Wie war das nochmal? Sah man bei der Katze
5 drei oder vier Zehen, wenn sie durch den Schnee lief?
Am besten sie schaute noch einmal in ihrem Heft nach.
Da hatte sie es aufgeschrieben.

Sie war eben aufgestanden, um das Heft zu holen,
als ein Windstoß kam. Er wirbelte ihr Blatt hoch in die Luft
10 auf die Hofeinfahrt von Herrn Malik, dem Nachbarn.
„Oh nein!", rief Anna.

Wenig später stand sie auf Herrn Maliks Hof und wollte
das Papier aufheben. Da trabte der Kater Karlo heran.
„Wo hast du dich denn herumgetrieben, Karlo?
15 Deine Pfoten sind ja ganz schmutzig!",
sagte Herr Malik zu seinem Kater
und lachte. Noch ehe Anna ihr Blatt
nehmen konnte, flitzte Karlo
mit seinen Schlammpfoten darüber.
20 „Oje!", rief Anna. Doch dann
hob sie das Blatt auf und ein
breites Grinsen überzog ihr Gesicht.
„Danke Karlo!", sagte Anna und streichelte den Kater.
Erstaunt fragte Herr Malik: „Wofür bedankst du dich?"
25 Anna antwortete: „Dafür, dass er eben meine Hausaufgaben
gemacht hat!"

1 Was ist Annas Hausaufgabe?

2 Wohin fliegt Annas Blatt?

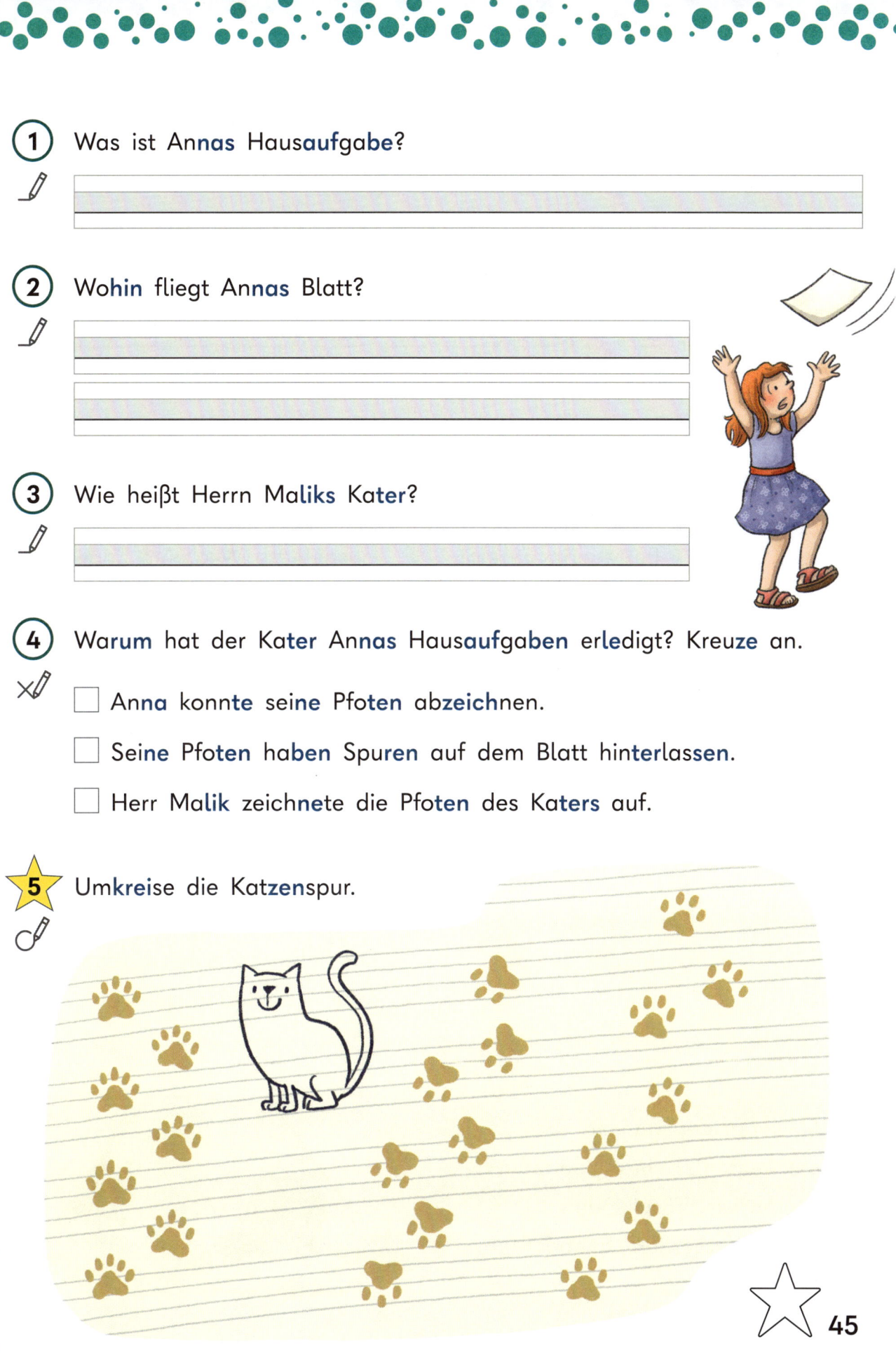

3 Wie heißt Herrn Maliks Kater?

4 Warum hat der Kater Annas Hausaufgaben erledigt? Kreuze an.

☐ Anna konnte seine Pfoten abzeichnen.

☐ Seine Pfoten haben Spuren auf dem Blatt hinterlassen.

☐ Herr Malik zeichnete die Pfoten des Katers auf.

5 Umkreise die Katzenspur.

45

Ferienlager

Bente war das erste Mal in einem Ferienlager. Jeden Tag gab es ein anderes Programm. Bente hat Tagebuch geschrieben.

1 Ergänze die richtigen Wochentage.

Montag	Dienstag	Mittwoch	Donnerstag	Freitag
Ankunft	Schnitzeljagd	Naturkunst	Flusswanderung	Lagerfeuer

Zuerst haben wir trockenes Holz gesucht und aufgeschichtet. Dann hat uns unsere Betreuerin gezeigt, wie man ohne Streichhölzer Feuer macht. Es gab auch Stockbrot!

Wir haben uns fast im Wald verirrt, so schwierig war der ausgelegte Weg. Am Ende gab es einen Preis für die schnellste Gruppe.

Wir sind alle in unsere Zelte und haben erstmal ausgepackt. Danach gab es eine Führung über das Gelände, jetzt kenne ich mich schon richtig gut aus.

Heute habe ich Mandalas aus Blättern gelegt. Andere haben Steinfiguren gebaut und aus Ästen Traumfänger gebastelt. Zum Schluss haben wir eine große Ausstellung gemacht.

Wir waren den ganzen Tag unterwegs. Bei einer Badepause konnten wir Frösche und andere Wassertiere beobachten.

46

Stars-Check: Geschichten

Herr Grantig hatte immer etwas zu meckern. Wenn meine Stiefel
vor der Wohnungstür standen, weil sie nass waren, meckerte er.
Wenn der Kinderwagen von Familie Frisch auf dem Flur stand,
meckerte er. Sogar wenn es nach dem leckeren Kuchen von
5 Opa Krümel duftete, schimpfte er: „Es stinkt hier nach Zimt!"
Aber Opa Krümel backte ihm trotzdem einen Kuchen zu seinem
Geburtstag. Er bat mich: „Bring ihn Herrn Grantig, Jamal,
und du wirst ein Wunder erleben!" Ich brachte also den Kuchen
vom 4. Stock in das Erdgeschoss und klingelte bei Herrn Grantig.
10 Mit mürrischem Gesicht öffnete er, blickte auf den Kuchen und
las laut, was darauf in Zuckerschrift stand: „Ganz ohne Zimt!
Alles Gute zum Geburtstag!" Da musste Herr Grantig
lauthals lachen. Opa Krümel war ein schlauer Fuchs:
Ich hatte wirklich ein Wunder erlebt!

(1) Welche Zutat war nicht im Geburtstagskuchen?

(2) Wie heißt das Kind, das die Geschichte erzählt?

(3) Auf welchem Stockwerk wohnte Opa Krümel? _____

(4) Warum geschah in der Geschichte ein Wunder?

☐ Weil Herr Krümel Kuchen backen konnte.

☐ Weil Herr Grantig lachte, obwohl er sonst immer meckerte.

☐ Weil Herr Grantig gerne über andere schimpfte.

Kirans Stundenplan

Zeit	MO	DI	MI	DO	FR
8.00 – 8.45	Mathematik	Musik	–	Deutsch	Sport
8.45 – 9.30	Deutsch	Ethik	Ethik	Mathematik	Sport
9.45 – 10.30	Sachunterricht	Mathematik	Deutsch	Mathematik	Deutsch
10.30 – 11.15	Sport	Deutsch	Musik	Englisch	Deutsch
11.30 – 12.15	Kunst	Sachunterricht	–	Werken	Mathematik
12.15 – 13.00	–	–	–	Werken	AG Chor

1 Verbinde den Tag und die passende Abkürzung.

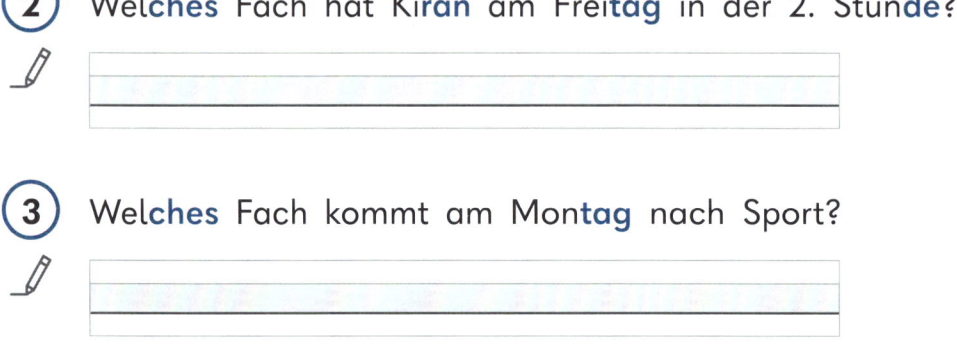

Montag	Dienstag	Mittwoch	Donnerstag	Freitag

MI	MO	DI	FR	DO

2 Welches Fach hat Kiran am Freitag in der 2. Stunde?

3 Welches Fach kommt am Montag nach Sport?

4 An welchem Tag findet der wenigste Unterricht statt?

5 Um wie viel Uhr beginnt die Arbeitsgemeinschaft Chor?

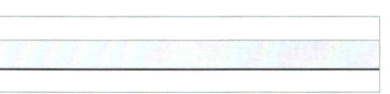

Richtig betont

1 Welches Wort musst du beim Antworten betonen?

a Unterstreiche es.

> **Beispiel:**
>
> „Möchtest du Erdbeeren?" –
>
> „Nein, ich möchte Himbeeren."

Sprich die Antworten laut. Probiere aus, welches Wort du betonen musst.

„Habt ihr das Fußballspiel gewonnen?"
„Nein, wir haben das Spiel verloren."

„Warst du mit dem Hund Gassi?"
„Nein, Anna war mit dem Hund draußen."

„Ist das der neue Tennisschläger, der kaputt in der Ecke liegt?"
„Nein, das ist der alte Schläger."

„Hast du heute Klavierunterricht?"
„Nein, ich habe morgen Klavierunterricht."

„Die andere Klasse hatte wohl heute eher aus?"
„Nein, unsere Klasse hatte heute eher aus."

„Hast du gelernt?"
„Nein, ich habe gespielt."

„Hast du die Fernbedienung verlegt?"
„Nein, ich habe die Fernbedienung nicht gehabt."

Vorsicht, keine Schlange!

Bist du schon einmal einer
Blindschleiche begegnet?
Sie sieht aus wie eine Schlange.
Viele Menschen erschrecken,
5 wenn sie das Tier sehen.

Doch die Blindschleiche ist keine Schlange und völlig ungefährlich.
Wenn du nicht gerade ein Regenwurm oder eine Nacktschnecke bist,
lässt sie dich in Ruhe. Und sie ist froh, wenn du ihr nichts tust!

Das Tier wird etwa einen halben Meter lang und ist nicht blind,
10 auch wenn es Blindschleiche heißt. Das Wort „blind" stammt
vermutlich von einem alten deutschen Wort, das heute niemand
mehr verwendet. Dieses Wort hieß „plint" und bedeutete „blenden".
Wenn das Tier in der Sonne liegt, glänzen nämlich seine Schuppen
silbrig-grau und können dich blenden.

15 Vieles ist bei Schlange und Blindschleiche ähnlich. Beide haben
keine Beine und riechen mit ihrer Zunge. Im Gegensatz zur Schlange
hat die Blindschleiche aber bewegliche Augenlider.

Interessant ist, wie die Blindschleiche ihre Feinde abwehrt:
Kommen ihr Igel, größere Vögel oder Schlangen zu nahe,
20 wirft sie ihren Schwanz ab. Dieser bewegt sich noch ein bisschen,
sodass die Angreifer darauf Jagd machen. Das ist die Gelegenheit
für die Blindschleiche, um zu entkommen. Das abgeworfene
Hinterteil wächst aber leider nicht nach.

Solltest du einer Blindschleiche begegnen, halte dich ganz still!
25 So kannst du das wundervolle Tier vielleicht ein bisschen
beobachten.

Audio: zuhören
Audio: mitlesen

1 Schreibe einen Steckbrief.

Name des Tieres:

Bedeutung des Wortes „plint":

Farbe:

Länge:

Gemeinsamkeiten mit der Schlange:

Unterschied zur Schlange:

Feinde:

Nahrung:

Schutz vor Feinden:

Was ist es?

1 Es blubbert, plätschert, rinnt und fließt,

2 es sprudelt, tröpfelt, rauscht und schießt.

3 Seine Kraft kann Mühlräder drehen.

4 Oft ist es auch ganz ruhig zu sehen.

5 Es bildet manchmal kleine Tropfen,

6 die stürmisch an die Fenster klopfen.

7 Im Winter ist es oft ganz weiß

8 und fällt vom Himmel sanft und leis.

9 Segeln, planschen, schwimmen, tauchen,

10 wir können es für vieles brauchen.

11 Wir füllen es auch oft in Flaschen,

12 so nehmen wir es mit in Taschen.

13 Pflanzen brauchen davon viel,

14 Ohne es wächst sonst kein Stiel.

15 Ohne es gibt es kein Leben!

16 Kann es Wichtigeres geben?

1 Wie oft findest du „es" oder „Es" im Text? Kreuze an.

Tipp: Kreise alle „es" und „Es" ein.

☐ 11-mal ☐ 12-mal ☐ 13-mal

Denk auch an die Überschrift!

2 Was ist „es"? Schreibe auf.

Das ist ein Reimpaar.

3 Suche die Reimwörter am Ende der Zeilen.

Kreise die Reimpaare in der gleichen Farbe ein.

fließt

schießt

4 Welche Geräusche macht es?

Unterstreiche die Wörter, die im Gedicht vorkommen.

blubbern	lachen	knurren	plätschern	sprudeln
husten	tröpfeln	klopfen	klirren	rauschen
rinnen	summen	fließen	hupen	schießen

5 Was beschreibt das Gedicht? Notiere die Zeilen.

Regen: Zeilen _____

Schnee: Zeilen _____

Nahrung für Pflanzen: Zeilen _____

Trinkwasser: Zeilen _____

Wassersport: Zeile _____

Wörterspaß

Als Laura bei Samara übernachtet, denkt sich Samara
ein neues Spiel aus:
„Das ist keine Bettdecke, das ist eine Pfanne!"
Laura macht kichernd mit.

5 „Und das da oben ist keine Lampe, sondern eine Mütze."
Die beiden Freundinnen erfinden weiter:
„Die Bücher im Regal sind in Wirklichkeit Salatblätter."
„Brot heißt Sofa und Käse ist eigentlich Teppich."
„Genau, und die Küche ist die Geisterbahn."

10 „Ja, und das Zähneputzen heißt Fernsehgucken."
Laura und Samara kringeln sich vor Lachen.
Da sagt Samara ganz ernst:
„Von dem ganzen Herumgeblödel habe ich richtig Hunger
bekommen. Komm, wir gehen in die Geisterbahn und essen

15 ein Sofa mit Teppich. Und danach ist Zeit zum Fernsehgucken."
„Einverstanden", sagt Laura. „Anschließend schlüpfen wir
unter unsere Pfannen und lesen noch ein bisschen in den
Salatblättern. Und du machst vor dem Schlafen die Mütze aus."

(1) Was meinen die Mädchen wirklich? Ergänze.

Sie gehen in die _____ und essen

ein _____ mit _____ .

Danach ist Zeit zum _____ .

Anschließend schlüpfen sie unter ihre _____

und lesen noch ein bisschen in den _____ .

Samara macht vor dem Schlafen die _____ aus.

54

Der Dachs

Körper:	mit Schwanz **über** ei**nen** Me**ter** lang, bis 30 Zen**time**ter groß (Schul**ter**höhe)
Merkmal:	schwarz-wei**ß**e Strei**fen** am Kopf
Lebensdauer:	etwa 14 Jahre
Nahrung:	Allesfresser: zum Bei**spiel** Wurzeln, Beeren und Pilze, a**ber** auch Re**gen**würmer, Insekten, Wühl**mäuse** und I**gel**
Feinde:	Ad**ler**, Bären, Eu**len**, Luchse und Wölfe
Lebensraum:	Höh**len** und Gänge un**ter** der E**rde**, meist im Wald
Lebensweise:	in Grup**pen**

(1) In den Sä**tzen** sind 4 Fehler. Streiche durch, was falsch ist.

Der Dachs ist mit Schwanz **über** ei**nen** Me**ter** lang.
Er wird von den Pfo**ten** bis zur Schul**ter** ge**messen**
bis zu zwan**zig** Zen**time**ter groß. Am Kopf hat er Punk**te**.
Der Dachs frisst nur Fleisch. Eu**len** sind Fein**de**,
die ihn ja**gen**. Der Dachs baut sich un**ter** der E**rde**
Gän**ge** und Höh**len**. Dort lebt er al**lein**.

Rübenziehen

Es war einmal ein Großvater, der hatte eine Rübe gepflanzt.
Die Rübe war prächtig und groß geworden. Als der Großvater
sie herausziehen wollte, saß sie so fest in der Erde, dass
es nicht gelang.

5 Da rief der Großvater die Großmutter und sie zogen und zogen.
Aber die Rübe steckte fest in der Erde.

Da rief die Großmutter den Enkel und alle drei zogen und zogen.
Aber die Rübe steckte fest in der Erde.

Da rief der Enkel den Hund und sie zogen und zogen.
10 Aber die Rübe steckte fest in der Erde.

Da rief der Hund die Katze. Doch es nützte nichts, so sehr
alle fünf auch ziehen mochten. Die Rübe steckte fest in der Erde.

Da rief die Katze das Mäuschen. So zog das Mäuschen die Katze,
die Katze den Hund, der Hund den Enkel, der Enkel die Großmutter,
15 die Großmutter den Großvater und der Großvater zog an der Rübe
und schwupps – purzelten alle auf den Hintern!
Da hatten sie die Rübe herausgezogen!

56

1 Wer zieht an wem? Nummeriere der Reihe nach.

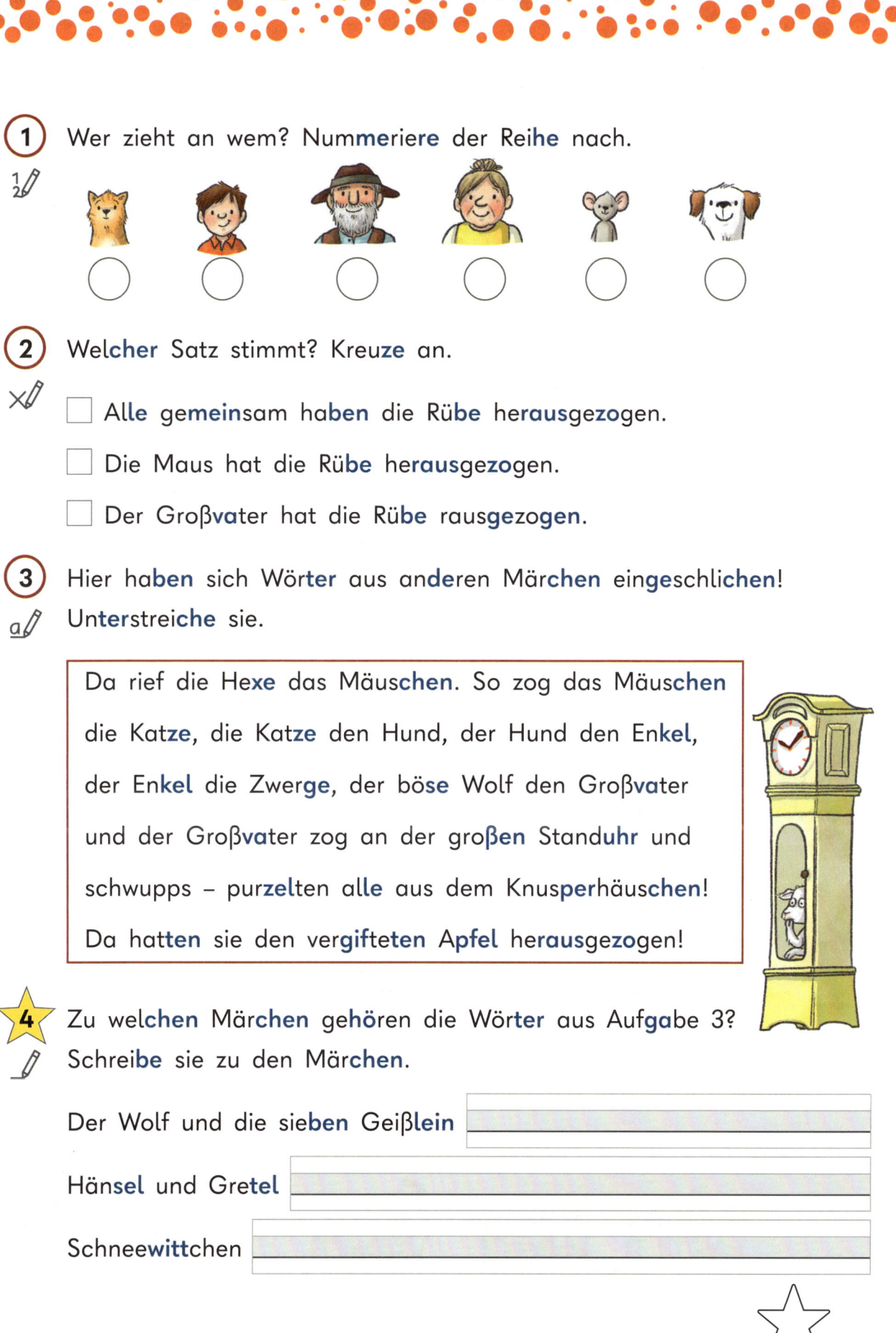

○   ○   ○   ○   ○   ○

2 Welcher Satz stimmt? Kreuze an.

☐ Alle gemeinsam haben die Rübe herausgezogen.

☐ Die Maus hat die Rübe herausgezogen.

☐ Der Großvater hat die Rübe rausgezogen.

3 Hier haben sich Wörter aus anderen Märchen eingeschlichen!
Unterstreiche sie.

> Da rief die Hexe das Mäuschen. So zog das Mäuschen
> die Katze, die Katze den Hund, der Hund den Enkel,
> der Enkel die Zwerge, der böse Wolf den Großvater
> und der Großvater zog an der großen Standuhr und
> schwupps – purzelten alle aus dem Knusperhäuschen!
> Da hatten sie den vergifteten Apfel herausgezogen!

4 Zu welchen Märchen gehören die Wörter aus Aufgabe 3?
Schreibe sie zu den Märchen.

Der Wolf und die sieben Geißlein

Hänsel und Gretel

Schneewittchen

57

Verdrehter Tag

Eines Abends fragte Jarno seine Mama:
„Was mache ich eigentlich morgen?"
Sie antwortete: „Das, was du immer tust. Du stehst auf,
ziehst dich an und frühstückst. Dann gehst du zur Schule,
5 isst zu Mittag und spielst. Nach dem Abendessen darfst du ein
bisschen fernsehen. Dann gehst du ins Bad und danach ins Bett."
„Wie langweilig", sagte Jarno, „lass uns doch morgen einmal
alles anders machen!" Seine Mutter willigte ein: „Also gut!"

Am nächsten Tag sah Jarno gleich nach dem Aufstehen ein
10 bisschen fern. Danach gab es um sieben Uhr morgens Mittagessen:
Nudeln mit Salat. Anschließend spielte Jarno mit seinen Autos.

Der Lehrer rief an, wo er denn bleibe. Da sagte Jarno, dass er
schon noch zur Schule gehen würde. Das tat er auch nach
dem Abendessen um zwölf Uhr mittags. Als Jarno im Schlafanzug
15 in die Schule ging, liefen die anderen Kinder gerade nach Hause.
So saß Jarno den ganzen Nachmittag allein im Klassenzimmer.
Also putzte er sich dort erst mal die Zähne. Dann war er Lehrer
und Schüler gleichzeitig – das war ganz schön schwierig!
Nachdem er abends wieder zu Hause war, frühstückte er.
20 Schließlich zog er sich Unterwäsche, Hose, Pulli, Socken und
Schuhe an und legte sich so ins Bett.

Als die Mutter abends an sein Bett kam, meinte er: „Ich glaube,
morgen mache ich doch wieder alles ganz normal!"

1 Was macht Jarno an dem verdrehten Tag?

Nummeriere der Reihe nach.

_____ aufstehen

_____ anziehen

_____ frühstücken

_____ in die Schule gehen

_____ zu Mittag essen

_____ spielen

_____ zu Abend essen

_____ fernsehen

_____ Zähne putzen

_____ ins Bett gehen

> Unterstreiche zuerst im Text, was Jarno am verdrehten Tag macht.

2 Was möchte Jarno am Ende des verdrehten Tages?

Kreuze an.

☐ Er möchte noch mal einen verdrehten Tag erleben.

☐ Er findet den normalen Tagesablauf besser.

3 Welche Überschrift passt auch zur Geschichte? Kreise ein.

| Mamas Arbeitstag | Ein verrückter Tag | Mama und Jarno |

4 Wie ist Jarnos Mutter? Kreuze an.

☐ ärgerlich ☐ verständnisvoll ☐ streng

Haustiere

In der Klasse 2 a sprechen die Kinder über Haustiere.
Drei Jungen und zwei Mädchen halten je einen Hund.
Sofia, Max und Elias haben jeweils einen Hamster.
Fünf weitere Kinder haben je eine Katze.
Zwei Kinder halten jeweils zwei Vögel als Haustiere.
Von den Zwillingen Lena und Hanna besitzt jede einen Hasen.
Zwei Kinder besitzen zusammen sechs Meerschweinchen.
Fünf Kinder haben kein Haustier.

(1) Beantworte die Fragen. Schreibe auf.

Wie viele Kinder haben ein Haustier? _____ Kinder

Wie viele Kinder haben kein Haustier? _____ Kinder

Wie viele Kinder haben einen Hund? _____ Kinder

Wie viele Kinder haben einen Hasen? _____ Kinder

Wie viele Vögel gibt es in der Klasse? _____ Kinder

Wie viele Kinder sind in der Klasse 2 a? _____ Kinder

(2) Erstelle ein Schaubild.

Haustiere der Klasse 2 a

```
9
8
7
6
5
4
3
2
1
```

Turmunglück

(1) Lies den Text und ergänze den Satz.

✂ Male die Bausteine richtig ins Bild.

Finn hat einen Turm aus Bausteinen gebaut. Er hat 5 gelbe,
6 rote, 5 blaue, 6 schwarze und 8 grüne Steine verbaut.
„Fertig!", ruft er voller Freude. In diesem Moment stürmt
Hund Hugo herein und purzelt in den Turm. Die Steine
fliegen in alle Richtungen:
3 rote Steine knallen aufs Fensterbrett. 2 blaue und
2 grüne Steine segeln auf die Kommode. 2 gelbe und
2 schwarze Steine landen in der Obstschale.
4 grüne Steine plumpsen daneben auf den Tisch.
Die restlichen Steine liegen auf dem Teppich verteilt.

Der Turm bestand aus _____ Steinen. Jetzt liegen _____ gelbe,
_____ rote, _____ blaue, _____ schwarze und _____ grüne Steine
auf dem Teppich.

Der Geist aus der Kanne

Vor langer Zeit, da lebte in einem kleinen Dorf im fernen Orient
ein Mädchen. Es hieß Amira. Die Kinder im Dorf spielten
am Fuß des großen Berges Verstecken und machten jeden Tag
einen Wettlauf zum Brunnen. Amira war jedoch am liebsten

5   mit ihrer besten Freundin Gadi zusammen. Die beiden fädelten
Perlen zu Ketten auf, machten aus bunter Wolle Armbänder und
dachten sich immer neue Tänze aus. Eines Tages zog Gadi fort,
in ein Dorf auf der anderen Seite des Berges.
„Ach, hätte ich doch nur einen fliegenden Teppich!", wünschte sich

10 Amira sehnlich. „Dann könnte ich Gadi immer besuchen."

Als Amira wieder einmal vom Wasserholen zurückkam, staunte sie.
Eine tiefe Stimme rief: „Alles zum halben Preis!" Da stand aber
nur ein Kamel, voll beladen mit Töpfen, Krügen und Pfannen.
„Ein sprechendes Kamel?", flüsterte Amira verwundert.

15 Doch dann schaute hinter einem Berg von Töpfen das Gesicht
des Händlers hervor. Langsam schaukelte das Kamel davon,
als etwas klappernd zu Boden fiel. Der Händler
trieb das Tier gleichgültig weiter.
Flink bückte sich Amira und hob

20 eine alte Kanne auf. Die hatte einen
dicken Bauch und war voller Staub.
Amira pustete ihn fort.
Da stieg eine gelbe Wolke aus der Kanne empor!
„Du hast mich gerufen?", sagte der große gelbe Wolkenkopf.

25 Amira riss die Augen auf und starrte die Wolke an.
„Wer pustet, der ruft mich", sprach der Wolkenkopf weiter.
„Ich bin ein Flaschengeist und werde dir deinen größten Wunsch
erfüllen!" Und bevor Amira etwas sagen konnte,
schwebte ein bunter Teppich herbei.

1 Was gibt es nur im Mär**chen**? Kreise den Buch**sta**ben ein.
Schrei**be** das Lö**sungs**wort un**ten** in den Satz.

flie**ge**nde Tep**p**iche	D
klei**ne** Dör**fer**	L
al**te** Kan**nen**	E
spre**chen**de Tiere	SCH
durch Pus**ten** Geis**ter** ru**fen**	I
lau**te** Geräusche	P
Kin**der** mit Wün**schen**	Z
spre**chen**de Wol**ken**	N
Fla**schen**gei**ster**	N

Ein Fla**schen**geist ist ein ____ _____ ____ ____ ____.

2 Er**gän**ze die Sät**ze**.

Was ist A**mi**ras größ**ter** Wunsch?

Sie wünscht sich _____.

Wa**rum** wünscht sie sich das?

Amira will _____.

Gold für den Igel

„Du meine Grütze!", rief Grunzi Grob, „Was ist denn das?"
Spitzi Stachelus, der Igel, hatte einen Goldklumpen gefunden
und hielt ihn stolz in den Pfoten. Er schmunzelte, weil das Schwein
immer „Du meine Grütze!" statt „Du meine Güte!" sagte.

5 „Holterdipolter!", muhte Stieri Stur. Er rief laut: „Echtes Gold!"
„Nein so was, nein so was, nein so was", wieherte Nasi Nüster,
„So was hab ich noch nie gesehen!"
„Abrakadabra!", meinte Susi Schnurr. Die Katze sprach immer
einen Zauberspruch, ehe sie etwas sagte. „So einen Goldklumpen

10 hätte ich auch gerne."
Der Bär Bodo Blutwurst schüttelte sich und rief dabei wie immer:
„Brr, brr!" Dann meinte er: „Gold macht auch nicht glücklich!"
Gregor Gänserich flatterte mit seinen weißen Flügeln.
Bestimmt sagte er gleich wieder „Ja, aber". Doch nein,

15 er blieb still und bewunderte nur den goldenen Stein.
Mia Mu hingegen piepste dreimal und fragte dann:
„Darf ich ihn mal beschnuppern?"
Spitzi Stachelus ließ die Maus schnuppern.
„Und riecht es und ist es schön und gefällt es dir und darf ich

20 auch schnuppern?", fragte der Hund Wauwi aufgeregt.
Er durfte schnuppern, aber der Stein roch nach nichts.
Der Igel setzte sich auf einen Felsen. Dann betrachtete er
lange seinen Goldklumpen. Er hatte ihn im Fluss gefunden.
Welch ein Glück!

APP Audio: zuhören

1 Wie heißen die Tiere? Verbinde.

Igel	Grunzi Grob
Schwein	Spitzi Stachelus
Maus	Susi Schnurr
Bär	Mia Mu
Katze	Bodo Blutwurst

2 Welches Tier spricht immer Zaubersprüche?

_____

3 Als der Igel nach Hause geht, hört er Stimmen hinter einer Mauer.
Wer spricht hier? Schreibe in die Sprechblasen.

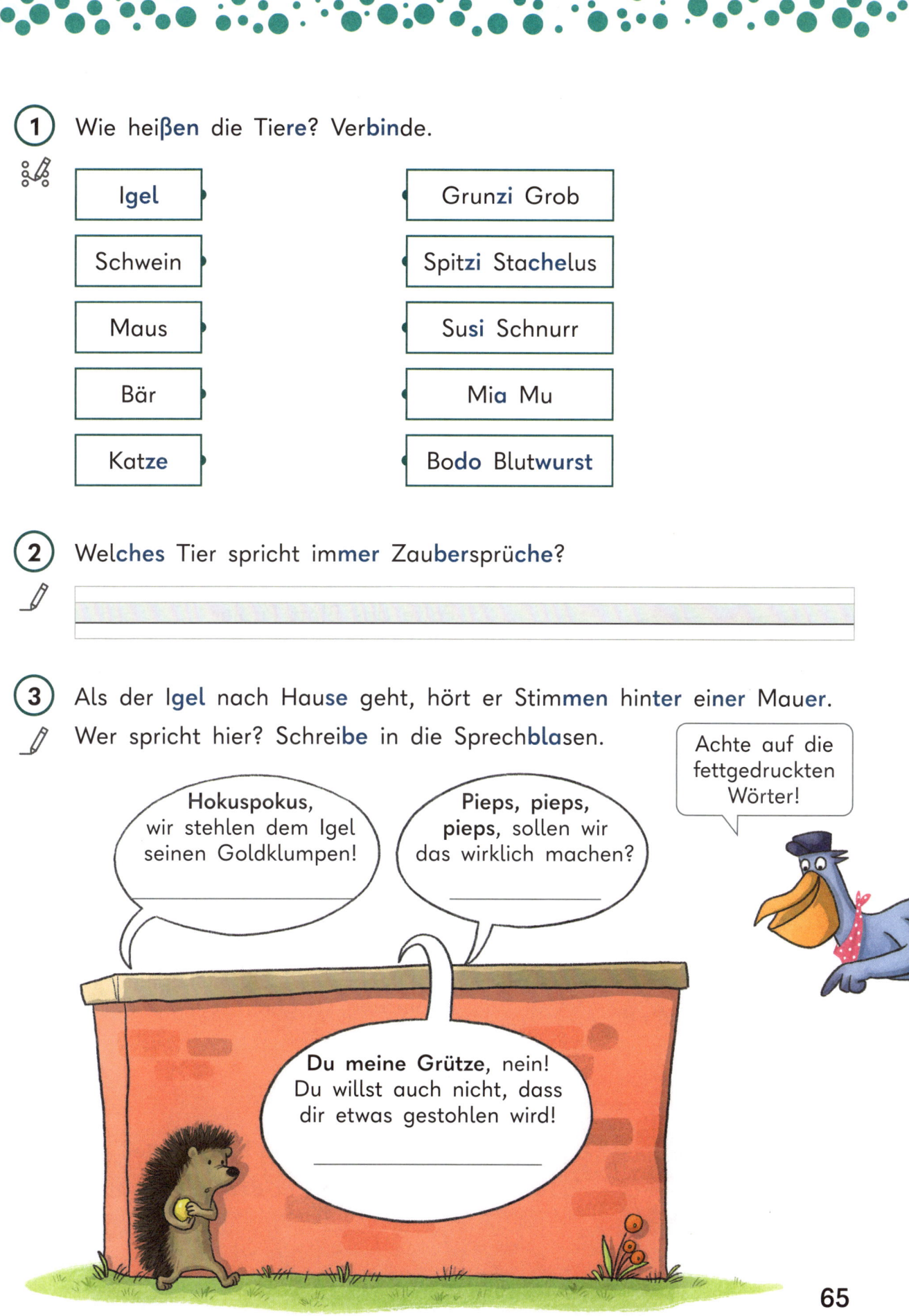

Hokuspokus, wir stehlen dem Igel seinen Goldklumpen!

_____

Pieps, pieps, pieps, sollen wir das wirklich machen?

_____

Achte auf die fettgedruckten Wörter!

Du meine Grütze, nein! Du willst auch nicht, dass dir etwas gestohlen wird!

_____

65

Durch ein Blatt Papier steigen

(1) Wetten, dass du durch ein Blatt Papier steigen kannst?

Nummeriere die Anleitung in der richtigen Reihenfolge!

1.

_____ Schneide etwa einen Zentimeter von den Blatträndern entfernt an beiden Seiten von der Knickkante bis fast zur anderen Seite ein.

2.

_____ Schneide abwechselnd von unten und oben bis knapp vor das Blattende ein. Achtung! Nicht durchschneiden!

3.

_____ Falte das Blatt Papier der Länge nach.

4.

_____ Ziehe das zerschnittene Blatt vorsichtig auseinander.

5.

_____ Jetzt kannst du durch den Papierring steigen.

6.

_____ Schneide nun die Knickkante zwischen den beiden Einschnitten auf.

APP Video: Sachfilm

Stars-Check: Märchen

1 In welchem Märchen passiert das? Verbinde.

Tiere machen sich zusammen auf den Weg.	Rübenziehen
Ein Dschinn kommt aus einem Gefäß.	Der Geist aus der Kanne
Eine Familie zieht an einem riesigen Gemüse.	Die Stadtmusikanten

2 Wer macht was? Ergänze die Sätze.

Frau Holle   Hans im Glück   Schneewittchen

_____ vergiftet sich am Apfel.

_____ tauscht sein Gold.

_____ sorgt dafür, dass es schneit.

3 Welche Aussagen über Märchen sind wahr? Kreuze an.

In Märchen können wir sprechen. ☐

Märchen reimen sich immer. ☐

Märchen sind immer wahr. ☐

In vielen Märchen kommen wir vor.

In Märchen wird oft gezaubert. ☐

Deutsch-Stars

Lesetraining 2

Erarbeitet von: Sylvia Gredig, Ursula von Kuester, Annette Webersberger

Auf der Grundlage der Ausgabe von: Cornelia Scholtes, Ursula von Kuester, Annette Webersberger

Redaktion: Dr. Birgit Waberski

Illustration: Sandra Reckers, Münster

Umschlaggestaltung: Corinna Babylon, Berlin

Layout: Heike Börner, Berlin

Satz: PER Medien & Marketing GmbH, Braunschweig

Fotos: S. 43: o. li.: Depositphotos/ibrahim suat eman; o. re.: StockFood/Kati Neudert. S. 50: Shutterstock/zdenek_macat

www.cornelsen.de

1. Auflage, 1. Druck 2025

Alle Drucke dieser Auflage sind inhaltlich unverändert und können im Unterricht nebeneinander verwendet werden.

© 2025 Cornelsen Verlag GmbH, Mecklenburgische Str. 53, 14197 Berlin, E-Mail: service@cornelsen.de

Druck: Athesiadruck GmbH, Bozen

ISBN 978-3-464-81503-8

PEFC-zertifiziert
Dieses Produkt stammt aus nachhaltig bewirtschafteten Wäldern und kontrollierten Quellen
PEFC/18-31-166 www.pefc.de